New Challenge for College Counseling Center:
Facing sexual abuse, violence, attempt suicide cases

大學諮商中心的
新變化新挑戰：

陳若璋 ——— 著

其架構與因應校園
性侵、暴力、自殺議題

五南圖書出版公司 印行

前　言

　　完成這本書眞不容易，它陪伴我度過生命中最黯淡、辛苦的時候，它是我的救贖。

　　起心動念要寫這本書，是緣由前幾年在服務過三個公立大學後，我進入一所私立大學，當時是系裡心理學組唯一的教授，原以爲可將我三十幾年服務大專院校的經驗，貢獻給這所私校，擴大其系所心理領域的視野，但逐漸發現這系所要的，只是我這「教授」的頭銜，好讓其可順利在評鑑時過關，其他的貢獻不僅是「多餘」反而是「妨礙」。在看盡該處的險惡，告訴自己不需要再把時間、眼光放在該系所，而應將三十幾年經驗整理出來，奉獻給目前仍在此領域工作的朋友們，因而開始動手寫書。

　　寫此書開始時並不順利，因我還在與當時的生命難關奮戰：我的母親在那時已近百歲，面對老化及臨終問題，不停的進出醫院；而我每星期需帶著小狗奔波於臺北、花蓮間，又要賺錢養家，又要照顧母親，又要與外勞及醫療體系奮戰，幾近崩潰，因此寫寫停停。之後毅然決然辭掉令我不捨但厭惡的工作，但至此母親的狀況更加惡化，直到2018年8月底她辭世，本書也只大約書寫了一半。而她辭世後的四個月，我快馬加鞭的清理居住45年的臺大宿舍，既是感傷又是疲累，期間不斷的感受腹部疼痛，起先只認爲可能吃壞東西，引起腹部發炎，到12月初才診斷出是膽囊炎，之後命大撐完中國大陸在南京大學、北京大學、清華大學的講學；但之後就撐不過了，只能急診開刀。我心知肚明，這不僅僅是膽囊炎的開刀，而是我身體對我十年辛苦工作的回應。

　　2019年的1月，是34年來第一次完全無法進行任何工作的時候，眞實經驗到何爲「身體虛弱」狀況，每天僅能抱著小狗，呆坐在新店新居陽臺，看著漂亮山景，卻陷入極端的憂鬱，不斷回顧過去34年學術生涯，同

時質疑自己在大學擔任教職的點點滴滴，何者是眞實具意義的，何者是虛幻且浪費生命的。

2月初，有趣的是，我在1987年開始擔任清大諮商中心主任時，提供的第一個諮商團體，其中的五位成員到我家聚會，他們中，有人已擔任過大學物理系系主任、國高中老師、主任、動物園資深工作者及舞蹈教師，我們歡聚一堂，彷彿歲月從未流失，之後我找到當時的照片，相對於當時的清純，大家卻已步入中老年，連我心目中的這些年輕學生，現口邊皆掛著退休、老化的問題，眞不敢相信32年歲月已如此流失了。32年間這五位成員，不時與我聯繫，從他們的口中，似乎當時的團體帶給他們有著深遠的影響與滋養，以至於在之後的32年間，他們不斷的回顧當時的議題與互動，並藉此回顧產生力量突破生命中的暗流，似乎諮商團體或諮商中心一些好的措施，對一個人生命旅程中，是具有影響力的。本書快完成的2019 年 7 月，我與這些成員又重新回到清華園（同時多了一位特別從上海趕回的成員），回到當年團體結束時照相處，發現原有的螺旋梯已被拆除，而我們就在附近拍了 32 年後重聚的照片（請參看照片），聚會時，成員們爭先恐後分享他 / 她們目前生活的掙扎，及如何努力掙脫困境，而我這過去的團體領導者，反而角色互換，成爲認眞吸收學習他們生命故事的成員，結束後讓我深深感動與相信：好的團體諮商之長遠影響是遠超過我們想像的，也加強我更堅定要完成此書的決心。

重回清大校園，自然發現很多的變化，許許多多新建築林立，校園明顯比以前多了許多附近居民參與的影子：有教會牧師在訓練其同工教友，有社區銀髮族在校園跳排舞，在校園穿梭的同學衣著也比過去時髦多了；逛著逛著大家不約而同談到當年駭人聽聞的清大洪曉慧殺人事件，也心有所感地談到近年大學校園不只是一起而是多起駭人聽聞的兇殺案，如臺大潑酸殺人案；是的，三十年大學校園文化在變動中，諮商中心工作也處在

變動中，不再像當年多只是提供諮商會談、心衛教育而已，現在不時需處理各式各樣的危機個案，如企圖自殺、遭受性侵、暴力的個案，甚至有時還要處理駭人聽聞凶殺案之倖存者，這些變化與工作皆會在本書第一、八、九、十篇提及；而重點是諮商中心工作性質已在轉移變化中，坊間卻沒有一本宏觀的教科書，教導諮商中心的工作人員要如何因應這些新變化與新挑戰。

本書快完成時，我已完全脫離學校系統退休下來，近兩年成為所謂的執業或行動心理師，我在臺北與新竹兩地執業，一星期約有十名左右各式各樣個案，這些個案身分背景差異蠻大，從竹科經理、工程師到家庭主婦、女工、工廠作業員；也涵蓋各種不同診斷：從憂鬱、焦慮、解離、轉化到親密關係暴力及婚外情，每星期看完個案會談結束時，我都會問自己：在社區與大學諮商中心這兩種不同場域工作，它們的相同點及不同點在哪裡？同樣是憂鬱症個案，我在此兩不同場域進行會談所採用的策略方法會有所不同嗎？經多次反思，我的答案是，在這兩場域的個案問題，即使可能是同一診斷，性質卻是不一樣的，因此做法也要有些不同。一般而言，大學內的個案問題相對還算簡單，多是由於目前的學業壓力、人際關係及原生家庭長期議題帶來的交互影響而產生問題，比較是發展性質的，也因而相對的好處理，可塑性高，只要諮商員提供相當程度的關心支持及合宜策略方法，就可獲得相當程度的改善；不像社區裡個案，有來自原生家庭的問題，還摻雜著現今核心家庭及姻親關係等等問題，又加上工作壓力及老闆要求，同時年紀漸長後許多因應模式跟著固著，相對的改變較緩慢，也就是說，社區個案較複雜難，進行策略時思考要更多元；但反諷的是，在社區接案反而比在大學諮商中心較少處理到緊急危機個案，兩年多來我僅協助兩位個案就醫住院治。思想至此不禁非常同情，目前在大學諮商中心工作的年輕諮商員，如在本書的十一及十二篇提及，許多這些年輕

諮商員在學校系統完全沒上過校園危機處理課程，在實習時也未受過好的危機評估及處理訓練，一旦就職後，卻發現在大學內要處理許多性侵／騷擾、親密關係暴力、精神疾病急性發作、自殺自傷等危機個案狀況時，沒有人可學習討論，又沒有一本教科書或手冊可參考作法程序時，真叫他們處理得手忙腳亂，精疲力盡，也不確定是否處理得宜，會不會反而造成更多的問題，甚至有些諮商員後來都產生了「替代性創傷」。過去五年，我大概不下有五十次，受邀在各大學舉辦的危機個案處理研討會裡討論以上的問題，許多年輕諮商員都告知類似上述的困境，並頻頻催促是否可盡快出版一本如何處理大學危機個案的書籍，讓他／她們在處理這些個案時有所依循，我想此書的誕生出版也算是對他／她們需求的一種回應了！

2019年完稿於新店

感謝：

本書的完成需感謝協助這本書的數位助理，包括：涂佳妤、黃琪惠、林建諭、李宛蓁等；若沒有他們的耐心比對各種資料，及辛苦打字，本書可能就無法順利完成。

攝於民國77年清華大學成功湖畔

攝於民國77年清華教師宿舍

攝於民國108年清華大學成功湖畔

攝於民國108年清華梅園

目錄

第一篇 一個和大學諮商中心有關的
故事：與它的情緣

❖ 第一章　我和大學諮商輔導中心的情緣：從很早很早以前談起

一、1980 年之前

　　40 年前，在我進入大學時，當聽到「輔導」兩字，大多聯想到教官的「指教」；而聽到「諮商」兩字時，多數人的聯想則是人本主義大師「羅吉斯」的大名；當時心理學界是行為主義的末端，人本心理學開花的時代，而「羅吉斯」就成了當時年輕教師及學生的偶像，他宣稱的：「人只要充分地被尊重、同理，生長在溫暖的關懷中，就可以逐漸的成長、茁壯及自我實現」；這種主張，在臺灣的心理學界幾乎就是人道主義的代表。而當時救國團「張老師辦公室」所提供的諮商訓練，比許多大學心理學系還紮實，因而吸引了眾多各大學心理學菁英學子加入；在大學時，我也成為其中的一名義張，當時從督導／同儕的回饋及自己參與諮商工作的喜悅中，悄悄的種下了我日後要以諮商／心理治療作為終生志業的允諾。而這些接受張老師訓練的菁英學子，日後也大多任教於各大學之心理學系，至今仍對臺灣之心理學界有重大影響；但，就我的記憶，當時的各大學雖已有諮商的訓練，但並沒有成形的諮商或輔導中心，學生們也幾乎從未使用過諮商中心。

　　本人在大學後於 1975 年開始至中學任教，那時不少國高中學校已有輔導學生的單位，許多稱之為「輔導室」，多由師大的教育心理系或教育

系畢業的同學擔任輔導老師，本人也擔任過此角色。但當時，雖號稱為輔導老師，在學校的角色仍以教課為主，鮮少真實有機會輔導或諮商學生；學校內同仁也鮮少會轉介學生來輔導室接受輔導或諮商；輔導室在當時仍有「訓導」及「說教」的色彩。

1977 年遠赴印第安納大學修習諮商輔導碩士課程；當時該系所亦鼓勵學生至印大諮商中心接受諮商歷程，但並未積極推銷諮商中心，當時的同學們也鮮少有自己接受諮商的概念與想法，因此在 1980 年前，大學諮商中心對我而言，仍是個陌生的場域。

二、1980 年前期

而後在 1980 年初，赴美國威斯康辛大學麥迪生校區，修習諮商心理博士時，系裡老師開始要求及推薦同學，在博士學位取得前，應有被諮商輔導的經驗；只是當時的威斯康辛大學諮商中心只有 3、4 位專任諮商員（2位是博士級諮商員），但同學們似乎並未對學校諮商中心有所好評，因此本人在博士班初期也覺得該中心是個遙遠的機構；直至博士班後期，被要求必須到諮商中心實習至少一學期，才開始與其有所接觸。開始時我的督導其特長為生涯輔導，因此被轉介來的個案大多以生涯困擾及職業探索問題為主，而我在諮商中心的工作也以操作史肯二氏職業興趣測驗（Strong-Campbell Interest Inventory）及何倫職業興趣測驗量表（Holland Codes）為主，日子久了也覺得無聊乏味。之後換了一位督導，但轉介過來的個案仍以簡單的學習困擾為主，較少需進行長期心理諮商及探索，個人覺得了無挑戰；因此我第一個大學諮商中心工作的經驗並不精彩；40 年後再回顧該經驗，也覺得並沒有太多的學習，特別是對於大學諮商中心該如何有效的運用其組織，來協助全校大學部及研究所學生有更好的適應，以及提升學生們的心理衛生，在實習結束後，我對這些概念仍相當陌生。

(一) 我的心理治療學習

　　當時至大學諮商中心實習，雖然，學習的經驗是失望的，但另兩個經驗卻啓蒙了我日後對心理治療的熱愛及理解……

1. 夢到他精神病院實習

　　一是赴當地主要的州立精神病院實習 —— 夢到他精神病院（Mendota Mental Health Institute），此爲該州最大／最主要的精神病院；剛開始時，實習對象是針對青少年慢性精神病人，及企圖自殺之精神病人，而後由於當時的督導爲性罪犯病房的主任，因而轉至性罪犯（Sex Offender Unit）病房實習；該病房隸屬於醫院的司法病監（Forensic unit）管理。而司法病監的病人是那些犯了法，但法官認爲他們需要的是治療而非懲罰的犯人。當時「性罪犯」病房，關了 30～40 位性罪犯，他們分類爲強暴犯、亂倫犯及戀童症等三類型。此實習經驗，對我而言是人生的震撼，因在我的成長過程，臺灣只將強姦犯定位於是色瞇瞇的邪惡男人，意思是他們只是「壞人」，非變態；反而對受害者大多缺乏同情心，社會大眾極易去指責那些受害者，之所以會被強暴，是由於這些受害者的衣著暴露、行爲舉止不當因而勾引了這些邪惡男人而引發的；此經驗改變了我原有的認知，對性侵案件有了全新的想法與體悟。在性罪犯病房的學習，首先是讓我了解到，不同分類的性罪犯，其實是有不同的生長背景，其生長背景的差異，塑造了不同的危險因子，也就是說不同類型的性犯罪是由不同的病理因素造成；而不同類型的性罪犯，會選擇不同的犯罪手法及不同特質的受害者；由此醫院提供的最寶貴學習，在於教導所有的工作人員明瞭在展開對各式的個案／病人甚或性罪犯做治療前，對各式各樣病人／罪犯的病理了解是重要的，而對各式病人／犯人形成病理的相關概念化之了解，是爲這些犯人提供有效心理治療的基礎磐石。

　　「夢到他精神病院」之性罪犯治療方案是 5 個整天進行，其中包括了

團體心理治療、認知行為治療、嫌惡治療、內隱減敏感法、娛樂治療等活動，每項活動都深深吸引著我，因此，原只需在此醫院進行一個學期的實習，但最後，卻續留學習了兩年；這個實習經驗讓我真正體驗及參與到書本所說的各式心理治療理論及技術，最棒的是可以將這些理論應用到這些最難治療、最具挑戰的群體上。上述許多的治療技術，在當時也是相當的新穎與前衛的，觀察那些有經驗的治療師如何利用這些課本上的技術，讓我真正了解到這些技術的精髓與操作。

2. 我的心理治療經驗

另一個幫助我專業領域成長的主要經歷，是我自己接受了專業心理治療。當時有同學推薦校外某所家族服務中心（Family service）有一個不錯的治療師，我個人也希望在取得博士前，能有真正接受諮商的經驗，因而前往一探究竟。幸運的是，在沒有預期之下，我遇到非常有水準的治療師，他採用客體關係理論之取向，在每次的治療會談中，前段他皆從最近的夢境解析開始，協助我將經歷的夢境連結到目前的困擾，並協助我以客體關係理論的角度，去了解這些夢境的意義及目前困擾之來源以及解決方法。這三年的被諮商經驗，奠定了我日後對心理治療的熱忱與熟悉度。

當時我的治療師並將社區居民以及一些他過去服務的個案組成一團體，並邀請我加入；在此團體中，我經驗了團體心理治療大師亞隆（Yalom）在他的經典團體心理治療教科書中，所提及的各式各樣挑戰與突發狀況，如：在團體過程中，突然有成員憤怒地衝出團體室、兩位成員用惡毒的語言互相對罵或是在團體進行過程中，成員發展成情侶交往的狀態；也見識了我的治療師如何冷靜有效的處理團體中各式各樣的危機狀態。也許是這經驗開啟了我往後 26 年回國從事推展團體心理治療工作的動力，而後甚至承擔責任成為中華團體心理治療學會的理事長，長達六年。

(二)伊利諾州立大學諮商中心提供了我完整運作概念

　　1984 年 8 月，我帶著一顆興奮、雀躍的心情來到了一個全然陌生的地區：伊利諾州的布魯明頓—伊利諾州州立大學，這是一個四周被玉米田所包圍的大學城，後來的一年，我成為博士前之實習心理師（Pre-doctoral internship），這是美國心理學會（APA）認可的實習機構。在美國心理師的訓練過程，當博士級學生修完課後，在每年的二月會有幾萬名博士生爭取 APA 認可的機構進行博士前實習。當初，我被伊利諾州立大學諮商中心錄取時，還有些阻抗與勉強，因為很想脫離美國中西部到美國的東及西岸見識一番；但如今再回顧這段經驗，其實是上天給我的恩賜，因為這個經驗不只逐漸雕塑我在心理治療的概念、架構及技巧；同時，也讓我有一個完整機會來學習及觀察到一所規模的諮商中心是如何去建構與運作其組織設備、人力規劃及服務流程；這經驗也奠定了我後來在臺灣，規劃幾個頗負盛名的大學諮商中心之基本藍圖。

　　30 幾年過去了，我依稀記得第一天到諮商中心報到的場景，建築新穎的大樓，第一場的歡迎會，我原以只會見到我們實習心理師的訓練主任（training director）及心理師同僚，沒想到有近 20 人的規模來迎接我們；也許冥冥中，在那一天就埋下了我未來會接掌諮商中心主任一職的種子。伊利諾州立大學諮商中心設有兩個部門：一為服務學生及社區民眾的諮商部門，另一則是培育博士級心理師的訓練中心。那一天最亮眼的有兩個人，一位是諮商中心的行政主任，她是身材及面容皆可媲美名模的非裔美國人；另一位是滿頭白髮但極具魅力的實習心理師訓練主任；行政主任首先介紹在中心工作的 15 位具證照及博士學位的心理師，之後才知道這 15 位心理師在未來一年中將會擔任我們 5 位實習心理師的實習督導；同時也一一介紹在諮商中心工作的秘書、職員，以及服務對象。而我們的訓練主任，則負責博士前心理師的訓練課程及行政運作。當時，除介紹我們 5 位

實習心理師認識彼此外，亦說明我們未來一年的接案內容及訓練課程，以及每星期至少服務 15-20 位個案，這些個案皆屬於不同性質及各種不同診斷的個案；同時又介紹我們每一個人的實習督導，如前述每位實習心理師會分配到 3 位督導，3 名皆來自諮商中心的心理師，以不同學派取向作為督導重點。當天，訓練主任也帶著我們去參觀整個諮商中心，除了諮商中心都有的個別及團體諮商室外，以及許多備有單面鏡的訓練室，更建有 10 幾台電腦的生涯探索室，這些設施在 80 年代的美國大學諮商中心，算是相當先進的，也讓我大開眼界，見識到一大學諮商中心竟然有此規模。

　　之後的一年，即使在 30 幾年後，仍然認為是一極具挑戰並收穫滿滿的學習生涯；由於此中心不僅只是服務校內學生，同時也接受該社區有困難的民眾來進行心理治療，故在這一年我有機會接觸了在教科書上面所描繪的各式臨床個案：憂鬱症、焦慮症、邊緣性人格違常、飲食疾患……等，當時，精神醫學界對於「邊緣性人格違常」（Boardline Personality Disorder）個案，也才剛剛開啟對於這類型個案的關注及大量的研究，幸運的是，在其後的一年，在此中心有好幾位督導都對這類型個案產生興趣，對其處遇模式也廣泛討論，我在此薰陶下，也逐漸對此類型個案工作產生極大興趣，並開始大量閱讀這方面的書籍；透過這個新知識的學習經驗及在每週個案服務及後續的督導討論，我不只大幅度的精進在「邊緣性人格違常」個案的心理治療能力，也開啟了我在爾後 30 年對各式各樣臨床個案直接服務的興趣與信心。

　　也由於這是個大學的諮商中心，所以讓我有機會接觸及協助到學生的學習困難與生涯探索，擴展了我對學校諮商中心的認識；更重要的是，諮商中心會要求我們實習心理師必須參與對學校教職員生的心理衛生推廣計畫，從此將我一改過去靦腆害羞的個性而敢以不流暢的英語做即席的心理衛生演講；如今回顧那一年的許多的訓練，其實是墊下了我日後能在臺灣

擔任十幾年的諮商中心主任之基礎，以及體驗到，諮商中心必須肩負何種的使命、規模、設備、人才及工作內涵，才能幫助一個大學更臻至完善。

　　那一年，我亦有機會接觸到一些社區緊急個案，像是家庭暴力、重複企圖自殺的個案，並有機會在危機現場學習危機評估及處理流程，因此，也幫助了我了解到心理治療的場域並非僅限於治療室，很多時候得就個案的狀況，必須配合在第一現場進行即時的介入及處遇，這也提供日後我能經常帶領學生離開診療室，直赴個案危機現場所在，提供第一線的危機處理的能力。

三、1985 年後期至 90 年代：回到臺灣工作

(一) 臺灣大學

　　1985 年我取得博士學位後回國，第一個工作是在臺大心理系任教，當時我雖然不是臺大學生心理輔導中心的主任，但因主任風聞我過去曾在諮商中心的訓練經驗，因而邀請我到學生心理輔導中心幫忙督導其工作人員；藉由我在伊利諾諮商中心的訓練背景，我協助當時工作人員，擴大其服務學生的工作範圍如：生涯輔導、學校生活適應；並針對一些特殊診斷的個案，像是邊緣性人格違常的個案，培育中心的人員對此種類型個案增加敏感度、辨識及評估能力與後續處遇方案的設計，啟發他們對於這方面個案的興趣。由於深受好評，因而在接下來的學期，我特別在臺大心理系開設了一門有關「邊緣性人格違常」的理論／實務課程，這應該是臺灣第一個開設「邊緣性人格違常」課程的教授。

(二) 清華大學

　　1987 年，我從臺大轉任至清華大學任教；在第二年（1988），我回到臺灣的第三年，有一天在沒有太多心理準備下，當時的輔導室主任宋文里教授來洽談說，因我過去曾在美國心理學會認可的諮商中心實習過，似乎

是接掌輔導室最合適的人選；在年輕及似乎沒有可以拒絕的理由下，我因而接掌了這個單位，當時只有一個辦公室、一間晤談室、一位工作助理、兩三位兼任輔導老師；但幸運的是，當時的校長劉兆玄先生，幾次洽談下，他毫不猶豫的協助我逐漸擴充該單位的規模，從一間晤談室擴充到四個晤談室、一個團體輔導室、兩位全職的輔導老師、七、八位兼任輔導老師及一位兼任工作助理；最後將輔導室定位為諮商中心，而我成了清華的第一任諮商中心主任，擔任此職位一做就是八年。

在當年，會轉介至學生輔導中心來談話的學生，大多數是被老師標示為「有問題」者，但有些自認為「有問題」的學生，也會偷偷摸摸地溜進輔導中心來談話；我因而在校園積極的廣為宣傳，介紹本輔導中心是個任何人都可以進來休息、聊天的地方，同時輔導中心所提供聊天討論的議題廣泛，可包涵進行心理測驗來理解自己的興趣、性向，作為將來轉系、生涯規劃的參考；也可以探索早期的家庭關係，用以了解自己人格特質的形成；亦可探討自己的異性關係及戀愛交友困境；我們當時的宣傳改變了同學及老師對於輔導中心的認識，逐漸地將輔導中心脫離了早期的師生容易將來談者定位為有「問題」學生的窄化狀況。

在擔任清大諮商中心主任時，除推動「去標籤化」外，並鼓勵教職員及學生使用諮商中心之各式資源來提高自我探索及成長，在當時的清大諮商中心，可算是國內諮商中心的領頭羊；諸如：在中心曾推動過許多主題及多樣形式之團體輔導，如：心理劇、早期家庭生活探索、生涯漫遊、親密關係探索團體 …… 等，常常一推出即秒殺；像我自己本人也跳進去工作，有固定的諮商時段以及推動數個團體諮商。依稀記得，當年（1988），我個人推出「探索早期個人家庭經驗」的團體成員，在 30 多年後的今日，仍與我保持相當緊密的聯繫，而當年年輕具有活力的團體成員，如今已不敵歲月，亦已屆退休之年，近年，每次的聚會，總讓人感慨時光流逝之快。

另一值得回顧的清大諮商中心盛事爲，我將當時許多心理衛生從業人員瘋狂的「心理劇」，推展至清大校園，記得一回我邀請鄭玉英女士蒞臨本校，透過心理劇作爲媒材，協助同學對自身內在世界有更深入的探索，30 年後，我依稀記得當天，許多同學在工作坊結束後，因心理劇探索之深層個人內在經驗而感到震懾，久久不能自己。當時，另一讓全校爲之瘋迷的心理衛生講座，莫過於現今輔仁大學校長江漢聲提供的性知識講座，他以詼諧的口吻，談述有關兩性關係之「性福」的種種層面，常常演講完，尋求個別諮詢的學生大排長龍，久久不得散會。

相對後來 20 年的現今，大學校園日趨複雜，80 年代當時的清大學風尚稱單純，三級預防／處理並非爲大宗，緊急危機事件相對不多，除了少數學生因精神疾病急性發作需要個別關照及緊急送醫外，企圖自殺的個案，也並非年年皆有，若出現一名同學有此狀況，就會受到相當大的矚目；校園暴力緊急案件，在前後 8 年中，我印象中僅有兩起，一爲學生在校園縱火案，另一爲學生下毒案；這些案件在獲得校園教官的協助下，皆能平安落幕。而洪曉慧殺人事件，則是在我離開這個職位後才發生的。

基本上，清大的學生輔導中心仍爲二級單位，也就是說，上面皆有學務長爲頂頭上司，在此 8 年中，曾遇有極爲支持同時也具相同理念的學務長，因此諮商中心的工作就推動得十分順暢與專業化；但之後我也曾遭遇過與自己想法及理念皆背道而馳的，只想把諮商中心定位爲學務處的其中一個附屬單位，而去積極推動學務長所謂的「有業績的活動」；在多方思考下，同時也自覺在此職務太久了，因而在 8 年之後就選擇離開了。

四、千禧年後

(一) 東華大學

2003 年，我離開擔任 16 年教職的清華大學，並遠赴花蓮東華大學去

參與建構臨床與諮商心理學系；在第二學期，我接手該系的系主任，當時，對已擔任過 8 年的諮商中心主任早已興趣缺缺，私下告訴自己，我已揮別該職務，再也不希望接觸相關業務。當時的東華大學，並無諮商中心組織，相關的業務亦為學務處中的「諮商輔導組」，當時的組長多是由學校內的熱心公益的教授擔任，但幾乎都無任何專業背景，諸如有些組長為英美文學、歷史學等的教授；熱心有餘，卻常把諮商輔導組內的工作同仁當作一般校園工作人員使喚，例如：畢業典禮時，輔導員就需要協助頒發畢業證書、在學校相關會議中擔任司儀，甚至在一次學生自殺身亡事件後，還需直接協助處理遺體事宜，導致輔導組內工作人員紛紛求去。由於校園發生學生自殺身亡事件，當時的校長才意識到需要有專業背景的教授來擔任校內的心理諮商輔導工作的帶領者，後與我商量是否能接受諮商輔導組組長一職，我因而向其請命，希望將原學務處下的諮商輔導組擴大編制為一級單位，因而於民國九十五學年度第二學期校務會議中，東華大學確認增設心理諮商輔導中心；我成為第一任的主任。

諮商中心成為一級單位，優點是我可以完全依照我對大學教育的認識／理念及學生性質與其困擾來規劃諮商中心，而不再受制於非專業的學務長之指揮。當時，得利於我同時擔任臨床與諮商心理學系之系主任，因而力邀系裡的三位與諮商輔導所學相關又熱心的同仁來諮商中心，擔任不同組之組長，分別為：心理諮商組（其主要任務是推動心理諮商事宜及處理緊急危機個案）、預防推廣組（以推動校園心理衛生教育及一級預防的講座與宣導為主）、資源開發組（負責與學校其他單位的橫向聯繫，以及招募熱心學生加入輔導股長的工作等）。同時逐年將專任的心理諮商人員擴編，最後達到八名有證照的諮商員；並將資源教室輔導員也納入工作團隊中，同時開始接受全職實習生加入團隊；成為當時東部地區規模最龐大的諮商中心。

　　接下來的數年，我還做了許多的改革，諸如徵聘駐校的精神科醫師固定來校看診，讓一些懼怕去身心科診所但已有些精神症狀的同學們，可以來到諮商中心，對自己的狀況有初步的了解與澄清，後續有就診需求的同學，亦可與醫師約定就診時間後至醫院拿藥。一般而言，東華諮商中心仍以二級預防爲主體，諮商人員主要的服務仍放在協助有各式困擾問題的同學上；而後並有越來越多的同學出現精神症狀，甚至有緊急送醫的需求；校園也增加了不少暴力案件，如：同學間親密關係暴力或是騷擾、跟蹤事件，企圖自殺的個案日益增多，經常要處理緊急的狀況，三級預防處理工作開始加重，因而，我規劃在中心開放的每一時段中，皆有一名專職諮商人員處理這些緊急的狀況，另外，每星期中心的人員亦會召開一次困難個案工作會議，討論並演練危機事件的處理流程，一方面做預防，二方面避免讓這些危機狀況持續惡化。

　　我們也擴增了許多一級預防的措施，如：推動多元的校園紓壓活動，徵詢學校內熱心的同學，加入輔導股長制度，實施新生入學篩選及後續關懷的完整流程等等，這些工作的詳細運作過程，會在本書的後面章節（第五篇）詳細敘述。

　　我在東華的諮商中心主任一職，共有兩個階段，前一個階段始於民國95 年，結束於民國99 年，共4 年，結束的原因是因爲東華大學與當時的花蓮教育大學併校，使得校園文化一夕之間丕變，我與當時的組長們都覺得實在心力交瘁，因而提出辭呈，諮商中心又回歸學務處接管。又隔一年，由於校外租屋同學遭遇火災以及連續有數位同學自殺身亡，引起校園諸多老師質疑諮商中心的專業性；因此，在校長的懇請之下，我又回歸諮商中心，重新整頓業務；但由於當時我已有退休計畫，因而在第二年諮商中心工作業務回穩時，我仍然揮別了此職務，專心做退休準備，就此結束了在臺灣長達16 年高教生涯奉獻給大學諮商中心的因緣。

❖ 第二章　30 年的變化

一、學生問題的變化

　　上一章我曾提及從 1987 年，在臺灣開始接掌諮商中心主任到 2012 年完全離開此職務，前後歷經 25 年；這 25 年間，最強烈的感受是學生問題在轉化：90 年代臺灣大學生的困擾，較集中在：無適當機會與管道探索自己，包括早期生命經驗如何影響到自己的科系、職業生涯的選擇，異性關係的相處與選擇；較少出現嚴重的精神疾病發作以及暴力事件；到了 2000 年後，新的問題困擾就越來越集中在性騷擾及猥褻、跟蹤上，或是親密關係暴力的問題，甚至開始有所謂恐怖情人的行為，這些皆可歸類於現今提及的性別平等問題。

　　如今在大學校園中，由於新的精神衛生法有更多的限制，無法要求精神疾病發作的同學強制就醫，因此許多精神疾患同學反而多留滯於校園中，形成校園的新興困擾，詳情將在本書危機個案之案例與處理的章節會提到；在 80 年代，許多有殘疾或身障的同學，由於很少有資源協助他們的特殊需求來適應在校園的移動、學習狀況等，因此多數滯留在家中；但至 90 年代起，教育部成立了資源教室，廣納身障及精障的同學，也提供許多資源協助他們的特殊需求，因而諮商中心的業務，也部分轉移在特殊生同學的照顧上。

二、教官離去的影響

　　另外，在 80、90 年代，因為有軍人身分的教官進駐校園，當校園有危機事件時，的確受惠於他們的熱心協助；2005 年後，隨著教官退出校園，相關的工作轉為聘用所謂的校安人員，其熱心度則有明顯的落差；比如說，隨著網路的便利性，臉書／IG 社群軟體大幅度的被使用，不少同

學因網路使用而衍生的謾罵、霸凌、散播不雅照，甚或引起校際糾紛等等問題，成為這十年來另一個新興的議題；而這些議題過去大多由校園教官來處理，但現在則成為諮商中心的工作；校安人員近來的名言為：「你們是專家，你們來處理」，其他校園的暴力危機事件處理，在教官退場機制下，也成為諮商人員的工作，但最糟糕的是，90% 的諮商人員在過去的諮商訓練中卻從未學習過如何處理危機暴力事件。

三、校園文化的改變

　　一級預防的重點也有了變化；如前所述，在 80、90 年代，若安排一些名人來校園做心理衛生講座，通常皆能吸引許多同學前來聆聽，但目前資訊太發達，網絡視頻取得極為便利，校園內辦理之心理衛生講座，參加人數銳減，甚至零零落落只剩兩三人；反倒是推展校園紓壓活動，如：芳香精油療法、講授指壓穴道、手作課程、表達性藝術活動，皆受到學生的青睞與歡迎，而探索心靈課程卻逐漸式微中。

　　感情／愛情永遠是校園同學有興趣的話題，失戀、分手、劈腿也一直是同學們掛在嘴邊的困擾，但近年來，校園文化正在丕變，大家對於男／女同性戀者、雙性戀者、跨性別者的議題，不再視為禁忌，不僅可以公開表達自己目前的感情狀態及性傾向，同時在網路平台也可以大方討論個人的看法。交友方式從早年的聊天室、奇摩即時通、MSN 轉變為 Beetalk 、Eatgether……等。學生兼職打工型態，也有了不同及更多元的選擇，從實體工作擴展至網路平台的經營，從文字部落客到 YouTuber，甚至是線上直播主，則是近幾年最賺錢的新興職業，這些當然也影響了同學間的互動、同學與老師間的互動，及互動產生的衝突、糾紛的性質；自然也反映在同學／老師在使用諮商會談時的性質。

❖ 第三章　變與不變之間

一、諮商中心永遠是校園重要資產

　　不管校園文化是如何的改變，或學生問題性質有多複雜，但諮商中心永遠都是校園的重要資產，除了讓學生在情緒低潮的時候能有個安全宣洩的空間，當生活面臨重大變動時，也是學生第一線可以在校園內尋求的資源與倚靠的肩膀；諮商中心通常也是提供學生心理衛生資訊，探索內在自我的安全場域；因此，諮商中心永遠都是安定校園的重要守門人。

　　但是要讓諮商中心充分的發揮其功能，在學校裡的組織定位及編制或規模上，就必須要穩定，同時要得到全校師生及行政單位的重視與支持。如前所述，若諮商中心在學校定位屬於一級單位（像是北部幾個公立有名大學），自然在其運作上皆較能專業化，在校園裡也容易產生一定影響力。若為二級單位，則學務處的主管及同仁能否支持或將其功能專業化則相當重要，若非如此，則諮商中心僅是學校內的其中一個行政單位而已，往往對學校師生的幫助有所限度。

二、三級預防／處理永遠是諮商中心的指引與目標

　　經過這麼多年校園文化的變化，我仍然認為諮商中心在架構、組織及活動若能以三級預防／處理作為建構諮商中心的藍圖是較合宜的；雖然，三級預防／處理的重點及作法上是必須隨著校園文化的異動而有所改變。以三級預防／處理為例，早期的諮商中心，較少處理校園緊急危機個案及精障同學所產生的問題，但近年來，幾乎無論是公、私立大學，緊急危機／精神疾患急性發作期的攻擊，以及由於親密關係而引發的暴力及凶殺，這些案件都逐年在增加，也就是說，三級預防／處理的工作比例在有些學校已遠超過一、二級預防，這種現象可能是未來的常態，因此，諮商中心

及工作人員必須要調整自身的心態，加強三級預防的知識與能力；雖然預防重於治療，仍是校園諮商中心永遠不變的法則；但目前的預防，不僅僅只是體驗式活動能應付，學校諮商工作人員也需要對各式精神疾病症狀的病理與預防／處理有更多的理解，才能勝任。

　　自然，絕大多數的諮商中心，仍以二級預防／處理的個別、團體諮商工作為主體，但新的變動是個別諮商中所產生的新議題，雖仍有與過去相似的主題：生涯探索及規劃、認識自己的興趣及需求；但也逐漸有更多的學生想要解決新的議題，如：自己的憂鬱焦慮、自傷傷人的困擾，或是在親密關係中的緊張及衝突，更甚是性別認同、權力關係、身體界限……等性別議題，對這些性別議題，有些同學從不同意見的討論、進而爭執、謾罵，甚或攻擊，這些問題以前多是學務處單獨處理，而近年來，多數大學在學務處處理後，通常都會轉介爭執的兩造至諮商中心接受諮商輔導。

　　因此，體會了過去 25 年間，大學校園內諮商工作之性質有變與不變的面向，我的結論如同上述，推動三級預防／處理的理念仍是架構諮商中心組織運作的不變法則。也因此，我仍以此信念來編寫、介紹一般大學諮商中心的宗旨、任務、組織、設備、人力規劃以及三級預防處理的每一具體工作，其形態及流程，以及大學校園應如何組織危機處理團隊，一起面對校園的危機事件；當然更重要的是，諮商中心的工作人員也要學習如何與學校其他單位橫向聯繫、團隊合作以達到安定校園的功能；總之，本書自然關心在校園工作的諮商員長期工作下來，對其身心的影響與衝擊，諸如：是否產生耗竭，甚或是替代性創傷，若是，又該如何自我調適與自我照顧，進而提升諮商工作的品質。

❖ 第四章　一個理想的大學諮商中心宗旨：以三級預防爲主要目標及任務

如前所述，要建構、規劃一個理想的大學諮商中心，背後必須要有基本理念作爲重要的參考架構；本人以生態系統觀點，認爲一個理想的大學諮商中心，不僅應以服務學生爲主體，照顧每位學生的心理健康，也需關心與學生生活最密切的導師、系主任，提供他們一般心理健康的常識及有效與學生互動的知識技術，同時也需協助校園內的職員及周邊的社區，支援相關的心理衛教資訊，以期改變校園大社區的次文化，增進整體環境的安適感，方能建構一友善及和諧的校園大生態。因而，以三級預防爲主要目標及任務的諮商中心，以下數點爲其工作準則：

一、諮商中心是提供學生復原的充電站

諮商中心本質應是一個提供溫馨、舒適、放鬆的場所，進入中心後，同學應可感受到放心、安全的氛圍，亦可使心靈逐漸沉靜。因此，諮商中心是一個可供學生暫時休息的充電站。

二、從多元的角度了解校園心理衛生工作之需求，並推展多媒材的心理衛生活動

諮商中心可透過焦點團體、問卷訪談、研習座談等方式，來了解校園心理諮商需服務的對象（包括學生及其家屬、學校行政單位、專業醫療人員等）。重視他們的需求，以作爲建構心理衛生活動之參考；而後，將多元的心理衛生活動融於通識課程中，並常舉辦線上／戶外的心理衛生活動，吸引全校師生參與。

三、關懷學生的心理健康是全校師生的工作

　　對於需要關懷但尚未達到嚴重程度的學生，中心除了該固定且持續提供心理支持、心理諮商與團體家族治療之服務外，並應邀請其導師、同學及家人一起合作，共同參與關懷學生的過程，並協助系、院營造友善氛圍來降低個別學生之憂鬱程度及自傷行為的可能性。

四、靈活運用生醫科技於心理衛生工作

　　近來的生物醫學發展進步，已發展一些生醫器材，既能快速有效的偵測個體之生理壓力反應及自律神經失調程度，亦能用作生理回饋及舒壓之器材，讓參與的師生能立即從生理回饋中，學習管理個人情緒及壓力紓解。

五、預防重於治療

　　經由初級預防的活動給予全校師生關於心理健康的基本、正確觀念，並提高教師對於學生、學生對於同儕之心理健康的關切，借重此力量，及早發現並幫助身心需要關懷的學生

六、緊急應變能力的強化是降低傷害的要件

　　建立緊急事件處理團隊與流程，以便能在緊急狀況發生的最短時間內，給予學生最適當的支援及安置。

七、提供在職訓練培養各式心理衛生專業

　　除在校內辦理各項專業課程之在職訓練，亦鼓勵中心同仁至校外參與各項專業課程訓練，以提升每位心理師之專業能力，確保個案服務之專業水準。

八、聯合心衛資源，定期辦理個案研討

除了定期舉辦校內團體督導會議外，也應另邀請地區性精神醫療網絡、社區網絡單位及臨床督導舉辦個案研討會來指導心理師，加強個案概念化及有效且適宜的處遇方向，以提升執業之專業能力。

九、以研究、創新的積極態度評估工作成效作為改善的基礎

諮商中心的工作目標應具體化，每年並需發展系統化的評估方式，以了解現行三級預防工作模式之優、缺點，是否達到其原定之目標與水準，並定期的評估及定期的改善相關業務。

第二篇　建構大學諮商中心的組織及工作重點

❖第一章　各大學依其建校理念及校園文化而建構其諮商中心目標

在林家興主編《大學諮商輔導工作實務》一書中，提及「諮商中心宗旨就像人的核心價值般重要，它決定了中心有所為及有所不為的方向，其內容應該包含諮商中心的服務對象；當中心面對多元服務對象的需求及學校組織文化的特色時，如何設定中心的任務與優先順序；闡明工作人員應有的態度；以及為服務團隊量身訂做合宜的輔導策略。」（p.4）本人極為同意，因每校的宗旨、文化、組織皆不同，各校都需依該校建校宗旨、文化及學生特質來訂定其諮商中心的服務特殊性及組織架構。

有些學校強調諮商中心的特質是，學生在校園內的「家」，如文化大學輔導中心宣傳其中心特色是：「學校也有一個像家一樣溫暖的地方」、「一個有愛的家」。過去陽明大學的諮商中心也稱自己是「山腰上的家」，自然這樣的諮商中心主要強調的是提供一個溫暖、舒適、像家的環境：有舒適的沙發、輕柔的音樂、色彩柔和的躺椅；也有些學校強調其諮商中心的宗旨在創造「活躍友善校園的人文環境及有愛無礙的環境空間」，因此會提供有趣的開心盆栽 APP 及深度放鬆的身心紓壓室；這些學校強調諮商中心內部環境營造的重要性。

另有些學校，大學宗旨強調「生心整合的健康服務」，如政大諮商中心宗旨則強調「提供師生全方位的身心服務」，因此除了心理諮商服務外，

同時提供生理／健康門診服務；而東吳大學則是將心理諮商中心與衛生保健組合併成「健康暨諮商中心」，其宗旨強調該中心不只照顧同學們的心理健康，也關懷生理健康，因此，其簡介裡也說明，他們是由一群親切的心理師、護理師、營養師、輔導老師和熱心的志工組合，來陪伴學生一起學習面對成長中種種的身心挑戰。

亦有其他的學校強調他們的宗旨為「協助學生認識自我」，自然其中心的宣傳品聚焦在「認識自我、發展潛能」、「每一個人都具備獨特的本質、才能等，中心任務是協助同學依其本能充分發揮」等。

還有些學校，如輔仁大學諮商中心，他們希望成為一個「身心靈」整合的人與治療工具場所，因此，其服務項目甚至提供了生活體驗營及午餐約會；若當其校園建校特色成為科技藝術跨領域的整合時，如臺北藝術大學的學生諮商中心的宗旨則會改為強調「協助個人將藝術與人生的調合」；透過業界導師及心理師的會談，協助個案以藝術結合療癒功能。

上述概念說明的是，每個大學皆有其建校理念，而後設立宗旨，並發展出屬於該學校獨特的校園文化，也因此其諮商中心理應配合學校之特色而建構、規劃，並隨著學生世代的次文化而彈性的調整規劃；但最終基本的任務，則應是完成一般大學諮商中心都需面對並處理的三級預防任務。

❖第二章　理想的大學諮商中心組織、人力規劃與設備

自心理師法推動後，大學校園的心理諮商工作正式進入專業化的時代。校園諮商中心的角色更趨多元，因而，工作團隊成員，應受嚴謹之專業訓練，才能更有效的服務個案。

理想的人力規劃與組織

　　一個健全的校園諮商中心，其團隊的成員應囊括中心主任、組長、擁有專業證照的心理師／諮商員（專／兼任職）、督導、資源教室輔導人員、行政接待人員、初次晤談／接案人員、實習心理師、輔導股長與義工⋯⋯等，也有學校亦聘任社工師及個案管理師，作更有效的協助資源整合。當諮商中心集合許多不同專業的工作人員，就需建立一貫的作業模式，讓不同專業背景的人員熟稔其工作特質，各司其職，並在緊急危機事件發生時，發揮團隊工作力量，即時提供必要支援。

　　圖一表示理想中諮商輔導中心的工作人員其專業角色與需符合之法令規範：

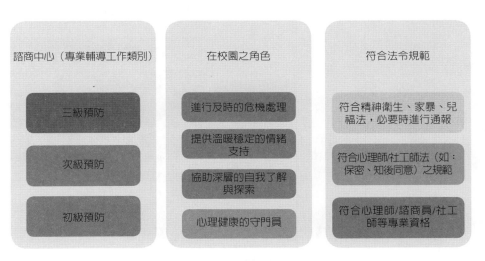

圖一　工作人員角色及符合之法令

(一) 若以諮商中心爲一級單位的人力資源規劃與組織

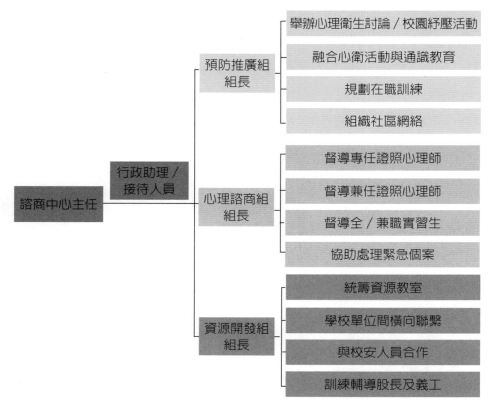

圖二　一級單位人力資源規劃與組織

因此，理想中的學校諮商中心係爲一個諮商專業團隊，其特點有：

1. 中心主任與三位組長最好**皆爲心理學／社工博士**，具諮商／臨床或一般心理學之專業背景。

2. 每位專任**皆是碩士級並具證照之臨床或諮商心理師／社工師**。

3. 每位兼任輔導員**皆具有心理師／社工考照資格**。

4. 每位督導**皆有心理社工相關博士級學位**，協助專／兼任心理師之專

業成長。

5. 中心的每個工作時段皆有不同角色之工作人員值班，對來訪者提供會談諮詢服務。

(1) **接待人員／行政人員**：歡迎所有進入諮商中心的人員，引導來訪者進入合宜流程，如轉介給初次晤談員填寫個案資料；甚或是當覺察來訪者可能有緊急狀況，而轉介給值班心理師進行危機處理；若無來訪者，該員則處理一般行政業務，如：報帳等等工作。

(2) **專任／兼任諮商員接案**：主要任務在與個案會談；亦會擔任個案管理師。

(3) **值班諮商員**：對未預約的緊急個案提供會談，處理緊急意外案件；處理其手上的個案管理事宜；或分派個案（包括緊急事件）；或督導初談員。

(4) **實習諮商員／初次晤談員**：協助來訪者填寫個案基本資料，之後與來訪者簡單進行初次會談，了解其需求及來談主要性質，以便值班心理師方便派案。

(5) **輔導義工**：協助中心一些行政業務，同時以學生的角度提供各式相關意見想法，以期能與時下學生社群流行文化接軌。

(6) 有些學校並聘用**專職社工（師）**，幫助學校個案整合社區福利資源及促進更有效的社會互動；當個案在緊急狀況後回歸校園，有時亦需要有**個案管理師**，來協調家庭、社區、學校之資源體系，並提供後續追蹤關懷。

(7) **資源教室輔導人員**：其專業應在特殊教育、社會工作、諮商輔導等相關領域系所畢業或曾有大專校院身心障礙學生輔導實務工作經驗者，來協助校內資源生的就學課程、人際交往、生活

時間		週一 值班	週一 專/兼任個諮	週二 值班	週二 專/兼任個諮	週三 值班	週三 專/兼任個諮	週四 值班	週四 專/兼任個諮	週五 值班	週五 專/兼任個諮
上午	9-10	組長		組長		組長		組長		組長	
	10-11	行政人員	例會	行政人員		行政人員		行政人員		行政人員	
	11-12	專/兼任心理師 個管師 實習心理師 輔導義工		專/兼任心理師 個管師 實習心理師 輔導義工		專/兼任心理師 個管師 實習心理師 輔導義工		專/兼任心理師 個管師 實習心理師 輔導義工		專/兼任心理師 個管師 實習心理師 輔導義工	
下午	1-2	組長		組長		組長		組長		組長	
	2-3	行政人員		行政人員		行政人員		行政人員		行政人員	
	3-4	專/兼任心理師		專/兼任心理師		專/兼任心理師		專/兼任心理師		專/兼任心理師	
	4-5	個管師 實習心理師 輔導義工		個管師 實習心理師 輔導義工		個管師 實習心理師 輔導義工		個管師 實習心理師 輔導義工		個管師 實習心理師 輔導義工	
晚間	5-6	專/兼任心理師		專/兼任心理師		專/兼任心理師		專/兼任心理師		週五晚間不值班	
	6-7	個管師		個管師		個管師		個管師			
	7-8										
	8-9	輔導義工		輔導義工		輔導義工		輔導義工			

表一　中心工作人員值班表

各層面的事務。

(8) **主任或組長**：協助處理緊急狀況及處理一般行政業務，爭取學校高層對諮商中心性質的理解與重視，督導專任諮商員工作，與校內其他單位進行個案與行政的橫向聯繫。

(二) 在學務處下二級單位的人力規劃與組織

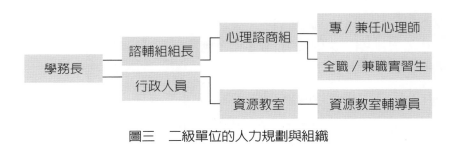

圖三　二級單位的人力規劃與組織

1. 諮輔組組長應具諮商或臨床或一般心理學／社工之專業背景，若具有**心理學博士或碩士資格者最為合宜**。

2. 在心理諮商組方面，若能至少聘僱兩名專任心理師較為合宜；**此兩位專任心理師亦應是碩士級並具之臨床或諮商心理師／社工師證照者**。

3. 心理諮商組，亦可聘用數位兼任的碩士級具證照之諮商員（至少需**具心理師考照資格者**）來協助業務。

4. 上述之專兼任諮商員，皆須定期接受督導，而其督導應**具有督導之相關訓練與資格**，協助諮商員們之專業成長。

5. 在資源教室輔導人員，其專業應在特殊教育、社會工作、諮商輔導等相關領域系所畢業或曾有大專校院身心障礙學生輔導實務工作經驗者。

❖第三章　人永遠是諮商中心最重要的元素：諮商師的專業角色

一、若以諮商中心為一級單位的人力資源規劃與組織而言

(一) 諮商中心主任

　　若以諮商中心為一級單位的規劃而言，諮商中心主任的地位就晉升等同於大學三長（教務長／總務長／學務長）同樣的一級主管的地位；因此主任也需調整其在該大學的自我定位：應將自己視為整個大學社區心理衛生的掌舵者。

　　中心主任需經常性的協助同仁整理分析「來談者之人口統計資料」（如：系別／院別／診斷分類／頻率數），用以了解不同院／系所容易產生的心理衛生議題，並依此調整不同院系心理師的工作，並協助該院系所增強處理容易產生問題的議題能力。中心主任也需要並將此資料結果，定期利用各種管道向大學校長、學校主管及全校師生宣導，讓上述人士皆了解此社區或各院／系／所的心理衛生狀況，必要時通力合作一起提升整個社區的心理衛生狀況；主任同時必須利用其心理學專業來提升諮商中心的組織，工作人員的專業化；讓學校同仁能信任中心同仁的專業性，也讓來訪者得到最大的益處。

　　主任也需培養其預見該大學近日與未來可能會產生問題與危機的能力；並有機會和大學校長分享由其專業訓練覺知的問題與危機，並在這些問題尚未惡化時，向校長及學校行政首長提出建言；主任也需有能力協助學校減少危機的產生；甚至一旦危機產生時，亦能快速協助平息危機。諸如，學生企圖自傷，或是暴力／傷害他人時，主任皆應有能力率領同仁化險為夷。

　　中心主任應有制定中心行政／諮商流程的能力；能有多年督導工作

人員及實習生之經驗；平日並需主持中心會議，規劃中心發展等。總之，中心主任需具與校長、各級主管、師生溝通協調的能力；需具臨床／諮商專業知識；也需能以穩定、冷靜方式帶領中心同仁處理各式危機，也由於此主任具帶領整個中心的地位，因此，其最好是具備臨床／諮商心理師證照。林家興（2006）一書並建議在拿此證照前，應至少在機構中工作過三年。

因此，綜合上述論點，中心主任的工作任務重點如下：

1.針對與校長溝通方面

(1) 向校長衛教宣導及報告：定期整理使用諮商中心的人口統計變項；用以了解校園現況及預防校園重大危機發生的情形；包括諮商中心全年度計畫、業務量（各系所使用率、月分使用率、學生問題性質、心理師每周之業務量），並以此資料來向全校宣導心理衛生的重要，有效推動其業務。

(2) 一旦發生重大危機時（如：學生至中心提及殺人計畫時）：應立即向校長報告，互相討論可行的解決之道，用以減低重大危機發生。

(3) 規劃並統籌中心年度工作重點及與校長協商對諮商中心經費之支持。

2.向全校教職員報告

諮商中心全年度計畫、業務量（各系所使用率、月分使用率、學生問題性質等），用以讓各系所了解其系所學生問題性質及可能引起的心理衛生問題與改善之道。

3.對諮商中心內部而言

(1) 綜理並督導各組所有業務，並協調處理跨組相關業務。

(2) 督導專、兼任諮商師、實習諮商師之專業及行政效能。

(3) 中心各主要活動之協調與督導，並了解中心所提供的個別及團體諮商、心理治療、與心理測驗其合宜度及使用度為何。

(4) 主持中心會議及個案研討。

(5) 參與學生性平會議、獎懲委員會、學生申訴暨評議委員會及出席校內外各項會議及配合辦理全校性活動。

(6) 規劃諮商與輔導工作相關研究與發展。

(二) 諮商中心組長

中心組長的任務為：

1. 向中心主任報告與規劃相關業務及活動。

2. 綜理並督導全組所有業務，並協調處理跨組室相關業務；以其心理專業特長創造中心特色。

3. 督導專任及院心理師。

4. 督導兼任心理師。

(三) 專任諮商師

專任諮商師的任務為：

1. 實施個別諮商、填寫相關表單（會談紀錄表、續談評估表、結案紀錄表），並評估個別諮商效能。

2. 實施團體諮商、辦理心理成長各式相關團體（含生命教育、心理健康）、自我成長與生涯發展研習系列活動及工作坊。

3. 進行心理測驗之施測及後續解釋（含測驗訂購與管理）。

4. 監督實習生進行個案初次晤談的工作。

5. 參與並推廣性別平等教育及親密關係暴力宣導與個案關懷輔導宣導。

6. 推動自我傷害防治和憂鬱防治宣導活動；及實施校園三級預防業務。

7. 和各系所聯繫，了解各系所心理衛生的相關議題，並處理各系所老

師、同學產生的心理健康議題。

8. 辦理導師知能研習會，參與導師課程座談及各行政單位、宿舍舍監（管理員）間橫向聯繫。

9. 與通識教育中心合作，推廣心理衛生的介紹課程、兼任／實習諮商師招募與管理相關業務；輔導志工相關業務；輔導系裡幹部之培訓與帶領；統籌境外生之輔導工作。

10. 與學務處合作，處理學生申訴案件與相關業務；受理學務處懲戒學生之後續及強制性輔導工作；出席諮商與輔導相關會議。

11. 處理危機個案處理、特殊學生之追蹤輔導。

12. 辦理新生入學輔導，新生高危險個案之篩選、及休學學生諮詢。

13. 社區服務規劃與執行；中心刊物及 DM 編輯與發放。

(四) 值班諮商師

值班諮商師的任務為：由所有中心的專任諮商師輪流擔任，在此段時間，諮商師會暫停固定的會談與接案，而處理以下業務：

1. 協助初次晤談（有些中心由實習諮商師擔任），並將晤談基本資料分類派案，若看到並未預約卻屬於第一級需緊急處理的個案，即立刻會談此個案，並進行合宜之緊急處理。

2. 處理其他校園緊急個案。

3. 執行個案管理師任務。

4. 連結社區福利資源。

5. 處理一般行政業務。

二、在學務處下二級單位的人力規劃與組織

(一) 學務長

其工作任務為定期向校長報告：

1. 心理諮商組及資源教室統計資料及例行業務報告。

2. 危機事件時心理輔導組及其他科室組別的處理及協調狀況。

3. 各科室工作的協調與規劃（會議／活動）。

(二)諮商輔導組組長

若諮商中心是學務處下的二級單位，諮商輔導組組長，則需和其上級長官學務長維持良好關係，但其仍應常常展現臨床／諮商的專業與知識，讓學務長信任及支持其在校園展開之各項心理衛生活動，諮輔組長的工作任務，自然仍雷同如前述之一級單位的中心主任，只是要有心理準備，常無法獨自規劃及指揮中心活動；但諮輔組長仍應經常性地進行中心來訪人口的統計分析及整理，相信若有數字的支持，較能說服學務長配合及支持其規劃的業務。

而諮商輔導組長的任務為：

1. 決策、總籌與革新諮輔組各項工作相關事宜。

2. 校內、外全、兼職實習諮商員訓練、督導與考核。

3. 危機個案處理及協調人力支援。

4. 長期個案追蹤輔導。

(三)心理諮商組

心理諮商組的任務為：

1. 個別諮商及預、續約。

2. 推動團體諮商。

3. 實施心理測驗。

4. 個案管理暨危機處理業務。

5. 性別及情感教育推廣。

6. 生命教育推廣。

7. 諮商輔導專業進修。

8.相關行政事宜。

(四)資源教室

資源教室的任務為：

1.以個案管理模式推展本校資源教室學生個別化服務。

2.資源生之課業輔導。

3.資源生之生活協助及輔導。

4.個別化就業轉銜。

5.身心障礙學生輔導專案之計畫主持人。

❖第四章　他們也塑造了諮商中心之文化

一、接待員／行政人員

　　行政人員通常為諮商中心的第一線，也是來訪者（無論是要來晤談的學生、諮詢學生問題的導師、學生家長）第一個接觸的人物，故此接待員的人格特質非常的重要，大多需具備親和力強、態度和善、耐心，危機應變能力較佳等特質，因為有可能進來的來訪者是緊急個案，他們既痛苦、焦慮，會希望有人立即伸出援手。因之其任務多為接待、引導來訪者進入合宜的場域進行諮商活動，及接聽電話等一般行政工作。

　　其工作內容之敘述如下：

1.接待來訪者。

2.布置整理諮商中心環境。

3.緊急事件協助後端通報相關業務。

4.財務管理（導師費用算計發放）。

5.發送諮商中心相關行政公文。

6.演講場地借用相關安排。

7.訂閱心理衛生相關書刊。

二、兼任諮商師

目前各大專院校的諮商中心，也都邀請兼任諮商員協助會談個案。兼任諮商師可由有證照之臨床／諮商心理師或社工師擔任。而諮商中心可成為這些兼任臨床／諮商諮商師之職業登記場所。若這些諮商師在其他單位作執業登記時，同時要在中心兼職，則需事先向中心提出支援報備申請或需要向地方衛生局做「支援報備」的動作。

三、實習諮商師及初次晤談員

目前許多的諮商中心皆徵聘一至二名全職或兼職之實習生，一方面，可以讓臨床／諮商系所的學生對諮商中心的業務有實質上的了解；另一方面，若其實際參與中心的業務、流程及訓練，能讓學生從實作中學習諮商中心的各種面向，包括概念化個案，操作心理測驗等等。若得到個案允許，亦可參與諮商師的個案會談；若個案來談的目的，在於簡單的自我探索或生涯規劃，實習諮商師則可單獨接案；自然每週要有固定的督導會談。

實習心理師的任務為：

(一) 全職

1.初次晤談、接案、行政工作協助。

2.帶領團體。

3.帶領義工的心理衛教宣導。

4.實習日誌撰寫。

5.相關個案紀錄表填寫。

6.個案的聯繫。

(二) 兼職

1. 初次晤談、接案、行政工作協助。

2. 帶領團體。

3. 相關個案紀錄表填寫。

4. 帶領義工的心理衛教宣導。

5. 實習日誌撰寫。

四、輔導志工

　　近年來，許多諮商中心，亦皆招募各系所熱心、敏感的同學作為中心及系所同學的橋樑，並提供心理衛生訓練，目的是讓這群同學能敏感身邊有困擾議題的同學，能即時轉介或說服他們前來諮商中心，得以早期介入協助。

　　輔導股長及義工的任務為：

1. 擔任校園同儕輔導員的工作，引薦同學到諮商中心求助。

2. 協助宣導心理衛生概念宣導。

3. 協助身心障礙同學上課或同系住宿生得到更多心理支持及實質的幫助。

部分大學諮商中心作為實習機構，其在人力配置上應具備下述條件：

1. 機構內專任諮商師與全職實習諮商師的比例至少為二比一。

2. 專業督導應為執業達兩年以上之諮商心理師並符合下列資格之一：

  (1) 曾受過專業諮商督導理論與實務訓練達 36 小時（含）以上。

  (2) 六年期間教授諮商督導課程達 36 小時（含）以上，並從事諮商督導專業工作時數 180 小時（含）以上。

❖第五章　服務對象及工作重點

　　雖然每個學校諮商中心的宗旨、層級、服務的人數皆不盡相同，但大多數的學校，學生永遠是諮商中心服務的主體，服務的學生對象，有些學校甚至會特別強調包括陸生、原住民、僑生及外籍生；也有些學校特別將服務的原住民生另外成立中心，如臺灣師範大學、淡江大學等。自然，資源生，目前也經常是諮商中心需服務的對象，其中包括了聽覺障礙、腦性麻痺、學習障礙、情緒障礙⋯⋯等學生，由於服務對象涉及到不同族群，因此也會提供不同形式的服務方式，諮商中心的角色也呈現多元型態。如諮商者、諮詢者、教育者、行政管理者及團體領導者等（林家興，民85）。

　　關於學生部分之工作重點，自然仍集中在二級預防／處理上，因而定期提供個別諮商、團體諮商、心理測驗、生涯規劃、身心健康工作坊，皆是諮商中心工作重點；而在三級預防／處理的工作上，如：危機個案及精神疾病急性發作同學的支援／送醫、醫院探視，之後的關懷處理，並經常性照會精神科醫師，在處理危機開始時，評估其問題之嚴重性、急迫性與是否有強制就醫的必要、就醫後的諮詢服務，目前也都是許多諮商中心不可少的工作重點。

　　而一級預防／處理的工作包括：將心理衛生知能融入於通識課程中、結合學會活動，並深植於教育學習層面、在新生入學實施篩檢與後續關懷的完整流程、推展多元豐富的校園紓壓運動、走入校園最前線，推行「輔導股長制度」、連接舍監加強宿舍關懷、提供輔導義工教育訓練、舉辦徵文活動／電影欣賞活動等，都是目前許多大諮商中心會進行的活動，這些活動的詳細作業流程會在後面的章節詳述。

　　同時，學生的導師也是必須服務的對象，因此，許多學校皆設有「院

諮商師」，同時服務該院各系所的學生與導師。甚至有些學校，如政治大學，另外設置一名輔導員專門處理導師業務，辦理導師制作業及提升導師制功能規劃、導師輔導知能研習規劃與執行及管控及審核導師制各項經費……等種種業務。

除服務導師外，對其他的學校老師部分，會需舉辦導師知能研習會、個案研討、教師諮詢等活動；有些學校，依情況的需要而對老師提供情緒及壓力管理、個別或團體的諮商。在家長部分，許多時候，中心需對他們提供心理衛生常識、親職諮詢，有時並需聯絡已送醫學生的家長。

這幾年，校園內的性別平等議題有日益增多的現象，包括同學指控被同學／老師／職員性騷擾或性侵害；也有教員／職員指控被其他教員／職員性騷擾或性侵，因此，處理性平議題也成為大多諮商中心的業務。因投訴者／被投訴者對前端作業（如：受理／進行流程）容易產生質疑，因而會影響其對強制治療程序，甚至產生嚴重質疑與阻抗；過去許多大學校長喜歡指示將性平投訴窗口放在諮商中心內；本人也曾經驗此種指示；不過若諮商中心同時扮演投訴窗口，則會將諮商中心陷入裁判兼球員的窘境，反而製造更多的爭端；記得當本人剛在第二所大學接手諮商中心主任時，校長也希望將投訴窗口放置在諮商中心，但經幾次協商後，校長與本人達成協議，將投訴窗口改放置在校長室秘書處。因而一旦校內有人士投訴性平議題，秘書處即展開性平作業流程；諮商中心人員僅需出席性平會議，並不參與作決定，日後若有需對被投訴者進行強制輔導，諮商中心僅需進行強制輔導業務，如此將諮商員角色簡化變為單純及專業化，反而減少了阻抗或抗爭，諮商師可依其專業訓練進行諮商輔導。

在社區方面，在重大意外事件發生時，學生諮商中心有時也扮演著協助社區民眾，啟動危機事件應變處理機制，安撫社區民眾的角色，像是淡江大學在八仙樂園塵暴後，亦提供八仙樂園粉塵暴案服務專區；交大亦提

供社區鄉親電影欣賞及電話諮詢。許多大學的輔導中心，也開設對社區民眾的心理諮詢。

　　研究發展方面，許多學校亦會承接教育部的研究計畫，如：生命教育計畫、三級預防計畫；不少學校之諮商中心也會做內部的諮商需求調查評估計畫，以及社區需求服務調查等小型規模研究計畫，以便隨時調整工作重點。

❖第六章　　與學校其他單位的橫向聯繫

　　諮商中心工作的許多業務，自然是與學務處工作最有關聯，而最需和學務處中之科室橫向聯繫的單位，則莫過於生活輔導組了；生活輔導組許多時候要處理學生獎懲問題，尤其是相關學生性別平等、親密關係暴力、一般人際糾紛⋯⋯等事宜的學生懲戒議題，但生活輔導組在執行其業務時，從懲戒會議的開始到後續的強制輔導或轉介輔導會議，大多都會邀請諮商中心的同仁參與；尤其是後續的強制輔導或一般性質的轉介輔導，諮商中心內負責相關業務的諮商師，都需與生活輔導組的同仁，從資訊的獲取、後續的轉銜事宜，互相商討與合作。通常，學校的同學也會因遭遇家庭突然的變故、生活突發的困境而前往諮商中心求助，因此，諮商中心的諮商師也仍常會與生活輔導組聯繫，協助學生申請相關的急難救助，以度過危機。

　　又當在校園中，有些危機個案其行為舉止也會影響到校園安全，諸如：同學精神疾病急性發作、遭受性侵、性騷擾、親密關係暴力、自傷或暴力傷人，甚或是火災的受害者，諮商中心的同仁常常成為第一線的接觸者；既或是學務處生活輔導組的工作同仁是產生問題時的第一線處理或接觸者，但也通常會在上述的緊急事件發生時，會和諮商中心聯繫，而兩單

位就需互相聯繫、合作處理；甚或是有危機個案需緊急通報教育部校安中心或是縣市社會處，也需此兩個單位的彼此配合與合作；上述提及學生在精神疾病發作且有自殺或傷人之虞時，許多學校亦安排此類同學居住學生宿舍，此時，亦須心理師與學務處之宿舍管理者密切合作，防止在校內發生任何危機或危機擴大的狀況。

另外，諮商中心也常與學務處或生涯發展中心經常聯手舉辦有關的職涯議題，諸如：生涯探索、職涯諮詢 …… 等活動。近年，學務處的課外活動組，在舉辦許多社團介紹、服務學習等活動時，都會邀請諮商輔導組同仁參與，將諮商中心的一些團體諮商或紓壓活動，當成鼓勵學生參與的課外活動之一環，以上的說明在在都顯示，若諮商中心和學務處能攜手合作，對雙方甚至大學本身皆能有極大益處；但這 30 年來，這兩單位的合作並非極為順暢；本人在過去也曾遭遇有極大敵意的學務長，有些完全拒絕合作，有些覺得其角色／地位高於諮商中心的專業判斷，發生行政體系凌駕於專業角色上的情形，諮商中心推行的重點工作因而窒礙難行，恐導致工作人員在行政作業上心力耗竭，進一步壓縮專業工作的時間或影響專業人員在個案服務上的心理狀態。

諮商中心除了需與學務處密切合作外，也須與各系所經常保持聯繫，舉凡，各系所中，若學生有嚴重的人際糾葛、老師學生間的困擾及上述同學精神疾病急性發作時的處置方式（送醫、住院）與醫療處置的後續生活輔導，皆須與各系所之系主任與導師共同合作來面對危機及解除危機。

通識教育中心也是另一個會常與諮商中心合作的單位，許多學校的諮商中心都會主動的提供一門心理衛生課程給通識教育中心，希望透過一門一學期的通識課，一方面宣傳心理衛生觀念，介紹各種心理疾病；另方面，有機會接觸到潛在的高風險同學，及早發現、及早輔導介入，以避免後續發生憾事。

第三篇
諮商工作基本運作

❖第一章　Location Location Location：諮商中心位置之選擇

　　諮商中心位置的選擇甚為重要，若選對位置，學校體系的人員就較為願意走進來使用諮商中心，若選擇錯誤，相對的，則降低學校人員使用的意願與頻率。

　　不可諱言，對華人而言，尋求輔導諮商多多少少是一個很難為情的事宜，即使現在社會的風氣逐漸在改變中，多數的人還是認為只有精神疾病或「瘋子」或「神經病」才會來尋求輔導諮商，特別是經由老師或學校人員強制要求來接受輔導諮商的學生，多多少少對進入諮商中心是排斥抗拒的；也因此，諮商中心的位置若是隱密的或是與學生活動許多場所有所連結的，如：餐廳／咖啡廳／便利商店／運動休閒器材使用處等且相關位置具備多重出入口，無法讓旁人一眼就標定其去向時，學生／教職員的使用率皆較高；相對的，反而是諮商中心為獨立建築，僅有一個出入口時，多數學校人員就會忌諱使用。

　　有些學校的諮商中心結合健康中心、衛保組或是學校的校園診所，也會大大增加學校師生的使用率，因使用者會認為進出這些單位，比較不會被標籤化。同時，諮商中心最好不要使用在一棟高樓的頂樓，避免情緒失控的學生，做出自殺或危險的行為。即使不是高樓，也盡量避免在高處樓層。同時，最好擁有兩個出入口，方便必要時的疏散，這是由於過去有些

諮商中心曾經發生過有個案情緒失控時，挾持工作人員擋住某個出口，因此，另一個出入口就可以協助救援人員進入或疏散有安全之虞的員工。

　　當然，諮商中心對外宣導其性質的方式，也會決定學校師生使用的頻率，諸如：諮商中心常常宣導其內部提供許多的書籍、視聽器材、運動器材或是經常舉辦一些很受到校園人士有興趣或歡迎的電影欣賞、音樂賞析、讀書會等等，都會吸引許多並未具有任何困擾或問題的學校師生參與，也因而帶進了許多希望能夠使用諮商中心的學生或教職員。

❖第二章　空間規劃及基本配備

　　內部的空間規劃，更對提升師生使用的頻率有相當的影響，以及是否能讓那些使用諮商中心者甚或是日常在諮商中心工作的同仁，獲得最大的安全感，同時也確實保障了他們的安全。根據過去的經驗，我會推薦，諮商中心的入口近處，應該安排接待櫃檯，其擺設位置必須提供諮商中心的接待員能面對且直接觀看到來訪的人員；這樣，除了有助於讓走進來的人員第一時間能立即感受到歡迎與協助，另一方面，也是基於諮商中心人員的安全考量，因為若來訪人員的神色出現異常或攜帶任何武器，諮商中心接待櫃檯的接待員便能觀察到，並即刻警示內部的工作人員處理。為強化此安全管理，在接待櫃檯內部應設有緊急按鈕之裝置，用以及時通知內部工作人員及校安人員中心。

　　入門處的設計應連接至諮商中心大廳，大廳的空間設計要寬敞，配置要有舒適的沙發，以及相當數量的書籍，若能在上班時間，播放輕柔音樂為佳，更可增進溫暖或舒適的感受，讓進入諮商中心的來訪者，放鬆或平靜其心情，有助於後續的諮商業務進行，如：個別會談、測驗的施作等等。自然，大廳通常也是諮商個案的等待室；同時，為了降低個案的焦慮感，

此大廳若能提供簡單茶水咖啡更佳；能讓來訪者有家的感覺。也有許多諮商中心大廳，設置心理衛生的海報區及相關資訊的手冊與書籍。

　　自然諮商中心需要有一間會議室，提供專業人員開會或討論之用，或是舉辦課程講座以及召開個案管理會議時，成為邀請個案的相關老師、家屬參與的場所。諮商中心也須有一個空間，能儲存所有個案資料；有些諮商中心的資料櫃，是依照諮商人員的姓名排列，將每位來訪的個案依照接案年份／日期排入其心理師的夾子內；但我認為較好的方式為：資料櫃應設計為七格或十格，每格資料櫃外貼上該年份的標誌，每格櫃內放入所有心理師之資料夾，而每位心理資料夾內依接案時間次序或院系所別，分別放入個案的資料；但到最後，有的中心是第七年之後銷毀第一年的資料，有的中心則是第十年之後銷毀第一年的資料；亦即所有的資料保存，不是七年就是十年。

　　團體室也必須是所有諮商中心需存在的空間，許多團體室皆建置單面或雙面鏡，以便實習的同學可由單面鏡外的另一間房間，觀察學習團體諮商的進行。團體室應配置攝影單槍或投影機或相關影音設備，以利在帶領團體時使用。

　　自然，諮商中心一定必備的是，數間的個別諮商室，諮商室內必須要有舒適的會談椅、衛生紙、小檯燈，以及方便諮商員做紀錄的桌子及電腦；也有些諮商室配置有躺椅，以便諮商員使用精神分析取向流派來進行治療；在離諮商師會談座椅不遠並隱蔽處，應設有警鈴裝置以便緊急時諮商師可求救；有些諮商室的緊急鈴按鈕則與諮商室鑰匙結合；諮商室外亦應有警鈴蜂巢裝置，以便一旦有警急狀況，諮商室外人員可以立即知曉並予以救援。

　　測驗室經常要有能夠進行測驗之桌椅，同時要備有測驗相關材料，如：每一個測驗之施測手冊、題本、答案紙，皆須有存放空間。

　　而心理諮商人員的辦公室，以 OA 配置的格局較為佳，每一隔間配有一人一台電腦，協助相關紀錄或文書的處理，且最好在座位上標明人員的名牌，及提供每位諮商員擁有可存放資料夠用之櫃子。許多諮商中心並備有可供多數工作人員進餐休息的空間；至於茶水室的配置，除了提供工作人員飲水用餐的便利性外，有時透過諮商中心提供一壺熱茶來接待進入諮商中心的來訪者，亦能讓對方感受到舒適及溫暖。

　　由於部分大學諮商中心已成為諮商心理師的主要執業場所，因此在硬體設備上需符合心理諮商所設置標準規定法規，依心理師法規範內容中提及心理諮商所之設施，應符合下列規定：

一、有明顯區隔之獨立作業場所及出入口。

二、總樓地板面積，不得小於二十平方公尺。

三、應有心理衡鑑室或心理諮商室，其空間應具隱密性與隔音效果，且合計不得小於十平方公尺。

四、應有等候空間。

五、應具備保存執行業務紀錄之設施，並有專責人員管理。

六、其他

　　(一) 心理衡鑑室或心理諮商室應在明顯可及處，設置警鈴。

　　(二) 心理衡鑑室或心理諮商室及等候空間，應明亮、整潔及通風。

　　(三) 應有緊急照明設備。

　　此外，在大學諮商中心目前也常是諮商所學生全／兼職實習的單位，而在諮商心理實習及實習機構審查辦法中，亦提及若要成為合格的實習機構，其必要設備至少空間也需符合上述規範；同時，中心必須提供實習諮商心理師個人之辦公桌椅及辦公設備，並訂定相關實習辦法或編印實習手冊。除上述硬體設備外，大學諮商中心亦應包括有個案管理系統、設立諮商中心場地使用或檔案管理的相關辦法或實施要點。

❖第三章　初次晤談的任務及分級派案

　　當來訪者步入諮商中心後，如前述，首先迎接他／她的應是中心的接待人員或行政人員，後者應立即詢問來訪者目的，若是前來者是第一次想接受晤談者，接待人員即應引導來訪者與初次晤談員會面。

　　目前許多諮商中心，皆招聘臨床／諮商相關系所的碩士全／兼職實習生；許多中心也多會由資深諮商師或督導訓練這些實習生進行初次晤談；因此，雖然目前有些中心的個案，初次晤談仍是由專任諮商師為之，但也有不少諮商中心的初次晤談，是交由實習生完成。目前已有不少諮商中心即使進行初談，也會要求來訪者簽署初談同意書（詳見附件一 a）。

　　初次晤談希望完成的任務如下：

1. 評估來談個案問題之嚴重性，並評估是否要作立即性的緊急處理。

2. 由於目前大學中心，每週接案的數量，大多有所限制，因此多數中心在初次晤談中，會將個案依其問題之嚴重與急迫性進行分層分級，並依其急迫性之等級進行派案；在初次晤談時，亦會邀請來訪者標明其希望會談的心理師性別、年齡、經驗、諮商流派與其希望會談的時間等等來配對合適的心理師。

3. 而後邀請會談者填寫其基本資料（詳見附件一 b）、並蒐集個案的一些基本資料，如：性別、年齡、級別、系所別及來談的問題性質，與其希望會談人員的性質，以便配對合宜的諮商師。

4. 簡單介紹個別會談性質，告知諮商進行時的一般時間及形式，並說明個案權利及其限制，像是諮商歷程非全面性的保密，若有自傷、傷人企圖，則需要打破保密原則，進行通報 …… 等等。若來談者為 18 歲以下，則亦會邀請其監護人簽署同意書。

5. 許多初談者，也需了解來訪者是否同時在別的機構進行諮商或是曾

至醫院的精神科就診或住院的經驗，及目前是否仍持續服用精神科藥物與其性質，以便接案的諮商師先有準備；因未來接案之時間長短，視個案問題性質評估而定。

6. 一般，在進行初次晤談時，完成上述幾點說明事項後，亦會徵求來訪者的同意，邀請會談者簽署知情同意書；若需錄音錄影時，同時也會徵求個案的同意並需簽署同意書。

一般而言，多數初次晤談，皆能在 15～20 分鐘結束；然而也有時會遭遇到緊急狀況而需立即處理，舉例而言，在本人服務過的中心，一天下午，進來一位同學，在初談時，初談者發談她眼神渙散，語焉不詳，衣著凌亂，身上甚至飄有異味；初談者懷疑其正在經歷某種精神疾病發作的狀況，而當時值班諮商師，也正處理另一緊急案件；而本人則恰巧在中心辦公室內工作，因此初談者立即將該生轉介給本人；在與該生簡單晤談過程，本人發現在當日稍早，該同學已在大腿內側割下深淺傷痕，她並敘述持續有聽幻覺問題，近日經常聽到該聲音告知應在其大腿內側切割其動脈；本人經由這些敘述及其外貌判斷，此生正因思覺失調症急性發作而困擾；經詢問後並得知該生曾在北部某醫院住院過，醫生曾開立精神科藥物處方，目前屬於中斷就醫的情況；因此本人開始說服該生，安排由中心組長及實習生陪伴下，赴醫院急診，之後該生接受醫院住院治療；這案件由於初談者之警覺及本人之即時處理，因而挽救了一起可能因在動脈自殘而導致嚴重傷害或生命危險的個案。

另一個令人印象深刻的案例為，幾年前，在一接近中心下班時的下午五時左右，忽然衝進一學生，神情憤怒、焦躁，對著接待員大聲吼叫咆嘯道：「我等下要去殺死，想和我分手的外地女朋友，同時還要殺掉我實驗室三個同學，因他們譏笑我是癩蛤蟆想吃天鵝肉！」接待員和初談者皆警覺其不對勁，因而立即請出值班諮商師，諮商師好言撫慰該生，並取得其

姓氏，同時得知其欲分手女友所在之縣市；正在安撫該生，希望進一步取得更多事件相關資料時；該生忽然憤怒往外衝，雖然值班心理師馬上尾隨在後，但運氣不佳的是，當時正值下課時間，很快地該生就消失在茫茫下課人海中，不見蹤影；此時接待員及諮商師緊急通知本人，回到中心處理後續狀況，大家討論後覺得該生極有可能會做出衝動傷人的行為，因而大家展開後續行動，中心同仁花了3～4小時，才鎖定該生可能的身分，及其系所導師、實驗室同學的所在位置；之後，本人盡速聯繫其系所導師、系主任與家長。當晚並在系主任老師協助下，疏散了該系在實驗室的所有同學，同時也向校長報告所有可能會發生的狀況；就在學校許多科室同仁的合作下，在第二天上午，在別的學校系所找到該生欲傷害的女友，立即協助其離開該縣市；而該生也終於在第二天下午與中心聯絡，並於當晚返校，結束了一場虛驚，及時地在悲劇發生前將傷害減到最少。因此，我認為只要是具有警覺性並訓練有素的接待員及初談員，皆可以對整個學校產生很大的貢獻。

最後，從本人經驗中，建議在諮商中心固定會議中，應訓練初談員及所有諮商師，學會在初談後依據個案問題嚴重性及其他資料，整理並填入「個案派案表格」（詳見附件二），並將派案次序分四級：

第一級：從基本資料或困擾問題性質，發現來談者可能具某種精神疾病或處於正在急性發作者，如躁症或目前正遭受嚴重身、心、靈創傷者（如：目睹同學車禍身亡者……），則中心心理師應在兩天內安排進行會談。

第二級：類似考試將近，來訪因考試焦慮而有一兩星期內無法入睡者；或與室友有所爭執，目前情緒不穩者，則須在一兩星期內排入會談中。

第三級：已有一段時間有特別困擾者，應於兩三週內排入會談。

第四級：從基本資料，無任何精神病史，也未勾選明顯問題困擾，來

談目的較類似欲更深入了解自我，協助自我成長者或生涯規劃等議題，則可於配對到合適之諮商師後，排入會談。

本人以上的分類等級在林家興（2006）一書中，亦提及極接近之概念。

❖第四章　諮商晤談次數與流程

通常當個案接受第一次的諮商晤談時，雙方見面後，心理師應首先介紹自己諮商訓練背景，在諮商過程中，可能使用的治療流派、技術、諮商晤談的一般時間、晤談時的一般規則：如雙方皆需關閉手機、晤談中不能使用暴力的言語及行為、告知個案的基本權利及可能會打破保密原則而進行通報的狀況。

之後，心理師會邀請個案簽署知情同意書（附件三），若個案年級在18歲之下，還要帶來監護人同意書或請監護人簽署同意書。若心理師在展開會談前，已意識需閱讀個案過去的諮商記錄或是醫療紀錄，甚或是需與其過去之心理師聯繫，以了解過去諮商中的議題為何，皆須取得個案資訊交流之同意書（附件四a）。若在諮商期間，發現個案有自傷、傷人企圖或精神疾病急性發作中，即應知會其系所導師、系主任及家長，並要求家長簽署緊急送醫同意書（附件四b），以便中心可即時協助該生緊急就醫。

一、個別諮商次數與諮商歷程

個別諮商次數，多數學校會依個案性質、中心人力多寡及機構行政等狀況衡量而訂定次數，林家興（民85）等人在其書指出：「大學諮商中心個別會談次數大多有所限制，理由為有兩種：一為對於個案量大的學校，要如何將有限資源做最大化，盡可能服務到每位有需要的學生；另一則為提供清楚的界線，讓案主能夠清楚自己一學期可接受諮商服務的次數，便

能把握與珍惜接受諮商機會，將諮商時做最大利用，且較能設定合理的目標。」本人也認為諮商中心訂定諮商次數的限制，其實有許多不同的功能，這些次數的限制，可以提醒諮商員在時間限制內協助個案達到來諮商的目的，而非僅是漫談。

　　一般而言，大學諮商中心的會談次數多在 6～8 次；而本人較建議，除非該學期中心面臨諮商師不足的現象，一般諮商最好訂在 8 次左右：因諮商首次會談，大多在介紹規則並建立關係，諮商師的工作重點也在蒐集個案之基本資料、問題主訴，問題的前因後果及一些相關人員，至此，也就差不多要結束了。

　　而諮商過程的最後一次，也多在於將個案問題做一些綜合整理，讓個案消化，並整理其在諮商過程中的他／她變化，同時在最後一次會談時，心理師也會再次分享其對個案問題總體概念，也會回應個案進步的狀態，及其仍可進步的地方，最後剩下的時間多在處理離別及離別後的問題。

　　在第一次會談之後的兩次（第二及第三次）諮商目標，在本人的督導的訓練中，都會協助心理師／實習生聚焦在，繼續蒐集，個案主訴問題及問題的相關人士，以及問題發生的更細節資料，如以客體關係派別為架構，就希望更深入蒐集主體、客體間的互動細節；若以認知行為派別為架構，則會蒐集更細緻問題產生前之事件，當時的情緒／想法與因應行為，以及之後行為循環等等，用以做個案概念化之理解；自然有些立即可協助個案宣洩、理解與因應的諮商技術也當立即使用。

　　而後第四、五次諮商中，心理師應逐漸對個案問題產生概念化，而設定諮商目標；而在第六、第七次會談中，應使用各種諮商技術協助個案逐漸明曉自己的困擾／問題的來源，降低其困擾情緒，開始嘗試建設性的因應行為或策略等，修正其習慣的負面思考，實踐練習改變策略。

　　因此八次的諮商次數可能較能協助諮商／心理師有效的進行短期的或

焦點式或認知行為式的諮商架構,而能在短期內協助個案短期內舒緩其困擾問題或回復穩定的情緒。

二、哪些個案應優先考慮延長會談呢?

在本人服務的中心,本人在每個星期一上午九時半至十二時會固定主持中心行政會議,在此全中心工作人員聚集的會議中,除了討論一般中心行政,危機個案處理及合作;其中一個功能也在於評估哪些個案需考慮延長其會談次數。

一般而言,若諮商師覺得其個案在 8 次會談之內,已完成其任務,個案已朝正向改變的方向前進,便不須在中心會議中提出延長考慮。通常當有數個諮商師提出延長個案會談考慮時,中心所有參加會議者,會將提出需延長的各個個案依其個案之問題性質、嚴重性,與進步狀況等資料進行排序,若目前仍面臨重大生活失落或或事件(如:父母驟逝)、重大創傷之後遺症(如:因目睹同學車禍身亡或目睹同學自傷或自殺的情境而產生PTSD 者)、長期精神疾病患者(如:思覺失調症、躁症),皆獲得優先排序;而若非期中、期末考階段有大量等待名單,通常上述個案皆會獲得大家的同意,以便延長其會談次數;甚至有些需長期會談的危機個案或強制輔導的個案,除了定期諮商外,可能還需個案管理之協助,而本人也會協助中心同仁協調那些個案,除延長會談外,並需配對個管師或獲得其他的資源協助。

三、會談性質

諮商中心舉行的會談,大多針對來談的學生個案進行諮商輔導,而這些大學生的個案,其會談的焦點有在解決學習困擾、考試壓力/焦慮、人際困擾,和原生家人的相處及糾葛,師生關係……等等以上問題,近年

來，有時除個別會談，也須加上伴侶諮商、家族諮商等等；特別當個案議題涉及憂鬱症、飲食疾患、邊緣性人格違常時，讓重要他人加入會談常有助於諮商師了解個案問題形成的動力，若能協助改變家庭系統結構，有利於個案快速改變其症狀及行為。而有些會談則是協助教師、職員了解學生的問題行為之性質，或提供諮詢可能可以改善的方法。

四、會談取向

　　近來在大學諮商中心提供諮商會談的心理師其會談取向多為認知行為取向、焦點、情緒取向、短期諮商，也有用完形活動方式探討問題，由於受限於大學諮商中心通常累積有不少得等待個案，因此較難採用需長期進行的精神分析取向，但近年一些大學諮商師對某些可進行長期諮商的個案，也爭取採用分析式的取向進行諮商。

❖第五章　會談可結合心理測驗及團體諮商

一、心理測驗之使用

　　有些同學進入中心，在初談中，就表明其來訪目的在於想藉心理測驗來探索自我或用以轉系或轉學或處理其學習困擾，甚或是用以幫助生涯規劃；若此，初談員應充分了解，個案這些想法的來源，是由重要他人、同儕或老師建議之下才有此念頭，亦或是自己的意願；之後也應充分對個案解釋每個測驗有其特殊目標與限制，再轉介給心理師處理；而心理師在施行任何測驗前，仍須充分告知個案測驗的目的及結果皆是有限制的，測驗結果僅僅只是提供訊息的工具，而非是一特定的結果。最好在施測完，告知測驗結果後，能再有一至兩次諮商會談，用以討論測驗結果對他們的意義與影響，以及個案未來能如何使用這些結果訊息，同時這些結果，是

否擴大了個案對自己的了解或提供了某些方向；若個案反而因測驗結果而對自身狀況更加困惑時，心理師也應鼓勵個案多申請幾次會談，完成其自我探索。有時，個案在諮商會談了幾次後，個案及心理師皆認爲有必要使用心理測驗的工具來釐清個案的人格特質、需求、性向、職業興趣等，則有可能在會談外，另安排測驗的施測；並將測驗結果的解釋併入會談內容中，從中重塑會談目標方向，以使個案得到最大利益。

總之，中心的測驗可以僅進行一、兩次施測、在測驗解釋後就結束；亦可在測驗結果出爐後繼續會談；亦或是會談中段，才合併施行心理測驗，用以更深入了解個案或讓其更深度的自我探討。至於在不同目的下哪些爲合宜的測驗，或在大學諮商中心較常使用的測驗爲何，皆於後續之第四篇第三章再述。

二、個別諮商是否應與團體諮商同步

在個別會談中，若諮商師發現個案的主要議題在人際互動的困擾中，亦或是個案的困擾在失戀、情感議題上，若剛好諮商中心有推出相關議題的團體，自然諮商師可鼓勵個案加入這些議題的團體中；至於個案有意願加入團體中，是否仍需維持其個別會談，本人會在中心固定會議中，鼓勵個別心理師及團體領導者皆提出其看法，而其他中心同仁一起加入評估，是單獨進行亦或是合併進行團體，才是個案的最佳利益。Yalom 的教科書中（Yalom, 1980），對同一治療師對同一個案同時提供個別及團體諮商認爲的優點爲：治療師較了解個案在人際關係上的問題，因此在團體諮商時可多加觀察與鼓勵，並可在個別治療時給予回饋；缺點是許多個案在個別諮商得到較多的回饋與注意，反而在團體諮商時參與量與意願不高，因而在團諮中所得不多，辜負了參與團諮的美意。若個諮與團諮分配不同諮商員，其優點自然是個案不會特別依賴某種治療形式，而缺點也是不同形式

的治療師無法取得個案全貌的資訊。

❖第六章　個案資料之記錄與保存

　　心理師在每次晤談結束後，應立即填寫會談紀錄表（附件五），Corey & Corey（2018）建議心理師每次的會談紀錄可分爲兩種層次，正式進入中心檔案夾之會談紀錄應簡單，並依照 SOAP 的方式簡單記錄，而 SOAP 書寫格式重點分別爲下述：S（Subjective），以個案主述或主觀性的描述或來談議題作爲紀錄重點；O（Objective），則以個案呈現出客觀資訊或晤談中，心理師觀察資訊作爲紀錄；A（Assessment），則呈現心理師對於個案概念化的評估；P（Plan）則書寫本次及後續會談處遇之計畫與策略。在每次會談後，以上述重點撰寫紀錄，並存入中心個案的資料夾中，這種資料通常我們稱之爲「進展紀錄」（Progress Note）（Corey & Corey, 2018），這種資料較爲行爲性的紀錄，記載個案在會談中之所言所行，包含診斷的資訊、功能狀態、症狀、處遇計畫、會談結果及當事人的進步狀況。（Corey & Corey, 2018）認爲這種紀錄提供會談的重要資訊，也供心理師作爲回顧及檢驗自己的專業照護水準及保留專業照護的證據，也可供未來再接手之諮商師作爲繼續會談目標的依據。書寫這些紀錄時，應避免使用論斷評估性的語詞，如：懶惰、狡猾等。

　　但諮商師亦可能因覺察自己對此個案，在諮商歷程產生特殊感覺、想法、反移情或是個案在會談中提及其極爲私密的幻想、夢境、工作細節，不適合放入正式官方的檔案中，則可有心理師私人之過程紀錄（Process Note），要存放在自己的私人卷宗內，不輕易與人分享；同時也避免一旦法庭要求調閱會談紀錄，或要求心理師爲此個案上法庭，這些較爲主觀及私密的資料會在法庭上公開，而引發爭議。

　　一般而言，當個案開始會談後，就會其設置一個檔案，保存其相關資料、資料的內容，Corey & Corey（2018）一書第 162 頁有以下建議，我把他的建議分成一定要存放的資料及次要的資料，一定要存放的資料有：1、2、3、4、5、7、9、10；次要的有：6、8、11。

1. 個案身分資料
2. 知後同意書的文件
3. 保密例外的文件
4. 主述及診斷
5. 服務計畫
6. 當事人對於專業處遇的反應
7. 對自己或他人是否具有危險因子
8. 未來的處遇計畫
9. 衡鑑或摘要資訊
10. 諮詢或轉介其他專業人員的紀錄
11. 相關的文化及社會政治因素

❖第七章　諮商歷程中使用不同表單之時機

一、導師轉介同意書與回報單

　　許多時候大學生在校的學習、生活、情緒狀況除了其好友及室友容易了解外，也是最能覺察學生狀況的第一線人物；學校裡許多熱心的老師，也常在覺察學生有異狀或感受學生學習狀況退步時，主動轉介或鼓勵學生到諮商中心求助。為了加速及有系統處理這些轉介個案，過去本人協助中心設計了「個案轉介單」（附件六）讓老師們填寫轉介原因及個案基本資料，以便中心能迅速以合宜的方式聯繫上這些需要關心的同學，邀請其至

中心會談。

　　由於一些同學會覺得這些老師必定是覺得他們是「問題」學生才轉介至諮商中心，因而產生阻抗，不願前來；因此通常在接獲老師轉介單後，中心同仁會致電老師，更深入了解轉介原因及詢問學生可能的阻抗性質，以便以最合宜的方式邀請，避免他們覺得被標籤化，拒絕前來而辜負了老師的美意。

　　被轉介來的同學即使之後同意接受會談，但為了使轉介同學的老師安心，知悉學生已被妥適照顧，因而中心又設計了另外的教師轉介回條（附件七），讓老師知道中心立即處理的狀況。之後，若同學願意接受會談，中心也會持續報告老師同學會談的狀況，因而諮商學生的心理師，每個月會給轉介的老師一份「會談概況回報單」（附件八），在此份回報單內只會簡單告知老師此學生會談的狀況，如：已排案，但學生未出現，或良好（會談中），或狀況不穩定（密切協助中），而不會涉及任何會談內容，破壞諮商保密原則。自然為了避免學生控訴諮商中心告知老師前來會談而未盡保密之責，因而在會談開始前也會要求學生簽署「教師轉介同意書」（見附件九），讓其了解並同意諮商中心會適度將其會談狀況提供轉介老師知悉。

二、若諮商過程中，個案企圖自殺或傷人，需填寫之表格及其他契約書

　　若在諮商開始或中途間，個案發生企圖自殺／自傷，或他殺／他傷之行為，自然中心同仁要盡速處理這種危機狀況，或是送醫，或是採用保護措施，處理的細節會在本書之第七篇、第八篇及第九篇論述。

　　在初步危機處理結束後，處理事件的心理師則需填寫「緊急事件處理表」（附件十）及「自殺防治通報關懷單」（附件十一），若個案的狀況逐

漸穩定下，回復固定的諮商會談後，中心的心理師應鼓勵個案簽署「不自傷保證契約書」（附件十二 a）或「不自殺保證契約書」（附件十二 b），雖然即使簽署了這些契約書，也不一定保證個案未來百分之百不會從事這些行為，但至少這些儀式化的動作，仍能對他們產生約束及控制。

三、若個案舉報或校園中的性侵／性騷擾、暴力事件發生時需填答之表格

　　若個案前來的目的是為檢舉其聽聞或經歷的校園及周邊社區發生的性侵／性騷擾或是親密關係等犯法事件，若個案所言極為具體，心理師除須安撫其情緒外，也應迅速與這些個案合作填答這些事件的檢舉書（附件十三）及性侵／家暴等事件通報單（附件十四 a／十四 b）並迅速以密件方式送交校園性平會；校安中心及縣市家暴性侵中心處理。

　　無論是學生自行至諮商中心來求助或是經由教師或其他單位人員轉介而來的，如前述都會經過一定的個別諮商流程：開始時，接受初次會談後，會協助安排合宜諮商員或心理師，進行個別諮商，最後在諮商結束時，諮商員會填寫結案紀錄表及接受諮商回饋表，並將過去的個案記錄資料歸檔，此流程請參見個別諮商流程圖（附件十五 a）。

　　在附件十五 b 中，本人整理這些表格使用的階段、時機及參與的人員，讓在中心工作的心理師在各種事件發生時或有所依循、填寫並送件，避免因疏漏而讓自己陷入不必要之麻煩中。

❖第八章　諮商結束時需做之處理及記錄

一、結束前重點

　　諮商結束後，心理師，可邀請個案填寫接受「諮商回饋表」（附件十六），以了解諮商效果，而心理師則需填寫「個案結案紀錄表」（附件十七）。

　　雖然個案結案了，但如前述筆者建議這些紀錄，至少保存六年或七年，也有不少機構建議這些資料應保存達十年，而 Corey & Corey 建議，未成年個案則保存到他／她們為 21 歲或成年後 10 年再銷毀。

第四篇　中心實務的多面向、行政管理與訓練

❖第一章　中心固定行政會議

　　依本人過去之行政經驗，發現若諮商中心每星期有一固定的全員到齊之行政會議，不僅可以凝聚中心同仁團結合作的氛圍，同時會形成一快速解決行政事宜的團隊默契，並可建立彼此支援的標準模式，也會因而降低高風險個案延宕後所衍生的危險性，因此，中心固定的行政會議有多重的功能。此外，此處所提及的全體成員，除了包含中心的全職心理師外，亦涵蓋中心所屬全體行政人員、資源教室工作同仁、全／兼實習生。行政會議的時間應訂於每星期之固定時段，並長達 2～3 小時，以本人過往的經驗，經常是訂於週一上午 9:30～12:30，並於會議之後，全員聚餐，促進工作人員之情誼。

　　行政會議的流程，首先以解決中心待處理的行政事宜為主，之後，則由每位心理師報告其困難及風險個案，並進行簡單的個案討論與督導；後續，協調需心理專業人員互相支援的個案其處遇與方向；最後，則關懷專任工作人員目前的情緒、心理狀態，以避免產生工作耗竭或替代性創傷之現象。

　　總之，中心定期的聚會，能提高行政效率、工作人員的專業品質，並由於大家團隊合作的氛圍彼此支援，而能使工作人員經常維持良好的工作品質，避免耗竭的現象。以下分享固定行政會議的流程：

一、中心待處理的行政事宜，常隨著學期的不同階段而有不同的重點；

1. 當學期快開學時，通常需討論及籌備高關懷學生篩選之進行方式，諸如：需採行何種合宜之篩選測驗工具，如何向導師與新生們進行衛教宣傳，並鼓勵他們參與高關懷學生篩選的活動。

2. 開學的第一週，心理師通常需分別到各院系實施高關懷學生篩選測驗事宜，因而也需即時分配與輪調院／系所心理師，因有些心理師與某些系所合作愉快願意繼續服務該系所，而有些心理師則希望嘗試一些過去未服務過的系所；會議中並需討論如何展開一整學期的一級預防講座活動。

3. 依據初次晤談單的分級分類，進行個案派案；通常在期中期末時，個案會增加，需在會議中協調如何盡速協助個案會談，同時討論是否需向外尋求資源。

4. 學期中，進行被篩選出高關懷學生之關懷活動；處理學校交代相關事務處理分配或相關行政須配合支援之事宜；導師費發放……等。

5. 學期末，提醒專兼任諮商師需進行結案準備、資料登錄與諮商成效評估。

6. 在寒暑假期間，進行中心服務量及來訪者資料整理與統計及依照資料結果重新調整下學期活動。

二、每週專任心理師，需報告其上週遭遇棘手或緊急且具風險之個案，之後全體進行簡短個案討論，與處遇方向擬定，並討論是否需要彼此支援與協助個案管理，此種討論模式塑造更專業的團隊，並因常常即時討論緊急個案，可降低個案危險之程度並建立高風險個案處遇專業模式；最大的貢獻是能再一次提升專任心理師的專業能力，因為許多諮商／臨床心理學系在培養學生過程極少提供「危機處理」課程，而中心的定期討論彌補了這方面的不足。

三、資源教室相關事務討論

　　1. 資源生之狀況是否需由其他諮商師介入與協助。

　　2. 信件回覆並與需與其他院系所及行政單位搭配及聯絡事宜。

❖第二章　定期進行中心來訪者資料整理與統計

　　本人鼓勵每個諮商中心定期整理並統計來訪者之資料，這些資料至少需涵蓋：

　　1. 每個月分來訪談的人次，並歸納整理出一學年各月分的變化圖表，透過月分之變化，可了解中心使用頻率高及較輕鬆低使用頻率的月分。

　　2. 各個年級來中心會談的人次，用以了解哪些年級是諮商中心高使用群，通常亦代表這群體是面臨較高或較多的壓力源，因此，這些資料還可與來談問題進行交叉比對，則可了解不同年級所面臨之困擾議題與壓力爲何。

　　3. 來訪者會談主題之分析圖，用以了解學生困擾及求助的主要議題分配情況。

　　4. 各個不同院、系所來訪或會談人次的分配圖，這些資料還可與來談問題進行交叉比對，用以了解不同院系所較易面臨的壓力與問題爲何。

定期整理統計以上這些資料功能在於：

　　1. 提供給所有諮商中心的工作同仁作爲業務安排的參考，諸如從月分分配之資料，可知何時中心同仁可能面臨較高的業務量，因而也可以自行調整自身工作安排；同仁更可從不同院系、不同年級的統計

資料中，了解哪些院系與年級需投注較多的關注以及平日需提供哪些心理衛生教育議題。

2. 這些統計資料亦可提供給那些來訪量比較大的院系、年級之院長、系主任與導師用以參考協助改善他們院系學生之壓力，必要時，中心並提供院長、系主任與導師相關的衛教資訊來改善學生們面臨的壓力。

3. 這些統計資料自然應在全校主管會議中報告，讓全校主管皆了解校園中不同年級／院／系所面臨之壓力／困擾問題性質，以便讓每位行政主管可以對校園心理衛生狀況有所了解有所因應。

4. 最後，自然在校園的最高決策者——大學校長，必須了解這些校園心理衛生的資訊與狀況，通常當大學校長了解這些資訊與狀況後，也會了解到哪些院／系／所／年級的學生有較高的風險，及可能出現的心理衛生議題，他／她通常也比較願意對高風險的院／系／所年級投注較多的關注，也較願意對諮商同仁提供較多之鼓勵，必要時，亦提供較多資源與協助。

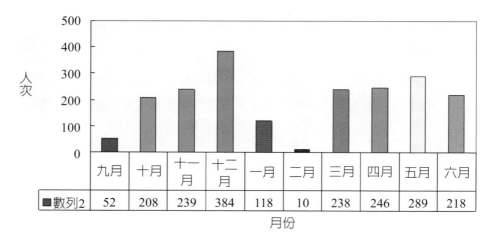

	九月	十月	十一月	十二月	一月	二月	三月	四月	五月	六月
■數列2	52	208	239	384	118	10	238	246	289	218

月份

圖四　每個月會談人次

　　上圖為某大學心理諮商輔導中心一學年度會談人次分布柱狀圖，由上圖可之，隨著學期的開始至結束，會談需求會隨之變化；通常接近期末時，求助的人數會隨之增加，特別是在期末考前，諮商會談需求量為該學期之高峰時期，諸如：秋轉冬，在冬季進入 11～12 月時，亦是憂鬱症好發期，通常諮商中心的同仁，需投注較多的心力；當春轉夏，進入 5 月期間，也因接近 6 月的期末考，學生求助需求量也通常會增加，甚至有時亦為躁鬱症躁症的好發期。

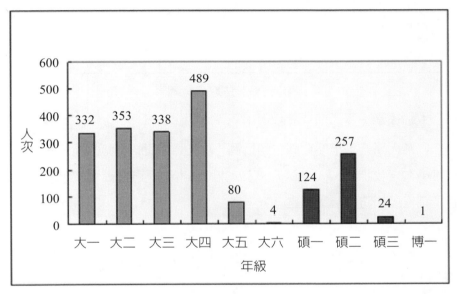

圖五　各年級會談人次

　　上圖為某大學心理諮商輔導中心一學年度會談人次各年級分布柱狀圖。

　　由此可知，無論是大學部及研究所皆是以即將要畢業的同學，如：大四與研二，有較高的會談需求；此亦顯示當學生面臨生命可能有重大轉折時，會產生較多的焦慮與徬徨，因之求助的需求亦較高。

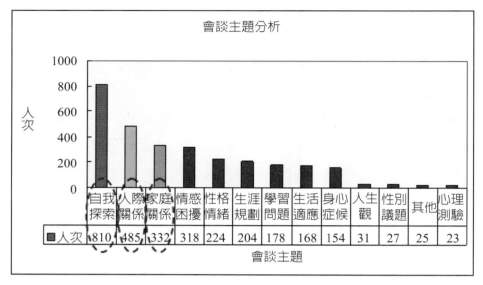

圖六　會談主題分析總表

　　上圖為某大學心理諮商輔導中心一整學年會談議題分布柱狀圖。

　　以某大學一學年度會談主題為例，可知雖求助的議題多元多變，但多數集中在自我探索、人際關係、家庭關係及情感困擾上；此結果可作為中心規劃三級預防的活動時之參考。

❖第三章　常用的心理測驗

　　如前面篇章所述，有些同學進入中心，在初談中，就表明其來訪目的在於想藉心理測驗來探索自我或用以轉系或轉學或處理其學習困擾，甚或是用以幫助生涯規劃，因此只需要進行一至兩次測驗，在測驗解釋後即可結束；但亦有時，個案在諮商會談了幾次後，諮商師及個案皆認為有必要需使用心理測驗的工具來釐清個案的人格特質、需求、性向、職業興趣等，則可能在會談外，另安排測驗的施測；並將測驗結果的解釋併入會談內容中，從中重塑會談目標方向，以使個案得到最大利益。

一、測驗選擇

　　當了解案主主訴問題後，實習／心理師就依其需求選擇可以達成的目的測驗工具，同時盡量避免使用單一測驗，而盡量使用多重向度的測驗，及使用數個不同面向測驗來整合測驗結果，以便對個案問題有多面向了解。

二、測驗購置

　　測驗工具盡量與專門出版心理測驗的出版社訂購，而不使用無版權之心理測驗。目前在臺較有聲譽的測驗出版社有：心理出版社、中國行為科學社、測評中心等。

三、施測流程

　　首先，實習諮商師或諮商師應與個案晤談了解及評估其需要；由心理專業人員決定測驗後，請求個案填寫測驗申請單，之後諮商師與案主須協商施測時間；依約定時間施測後，則進行測驗結果計分；之後約定諮商時間進行測驗解釋會談；而後結案或繼續諮商會談。

四、解釋及應用

　　在測驗解釋時，需整合個案在施測過程中，心理師的質性觀察資料，而以統整的方式進行說明，優先提及個案測驗結果中正向的部分，至於相對較弱的特質或能力，盡量使用較中性、不帶有貶義意味的用語解釋其結果；另須注意當個案為僑生或外籍生或文化差異的學生時，是否可能因其語言或文化認知之差異，而造成施測結果的偏誤。

　　下述為大學諮商中心常使用的測驗：

一、學習困擾／讀書策略：協助檢視其學習策略成效，以利實施學習輔導。

　　• 大學生學習與讀書策略量表

　　　　　• 大學學習困擾量表（LPI）

二、智力測驗：亦可搭配生涯類型測驗，協助探索學生之能力，亦可作為
　　衡鑑神經心理等問題。

　　　　　• 魏氏成人智力量表第四或五版

　　　　　• 魏氏記憶量表第三版

三、性向探討／興趣探索／生涯規劃：協助學生探索個人生涯興趣，增進
　　對學生未來對生涯定向。

　　　　　• 生活彩虹量表

　　　　　• 區分性向測驗

　　　　　• 大學系列性向測驗

　　　　　• 生涯興趣量表

　　　　　• 職業興趣組合卡

　　　　　• 影像式職業興趣量表

　　　　　• 生涯信念檢核

　　　　　• 青年工作價值觀量表

　　　　　• 工作價值觀量表

　　　　　• 大學生生涯適應量表

四、人格特質探索：幫助學生自我探索，以增進其自我了解。

　　　　　• 哥登人格剖析量表

　　　　　• 基本人格量表

　　　　　• 愛德華氏需求量表

　　　　　• 田納西自我概念量表

　　　　　• 多功能語句完成測驗

五、行為困擾／人際困擾：幫助學生在校園生活適應及個人成長。

　　　　　• 青年生活適應量表

- 大學生心理健康量表
- 人際行爲量表
- 人格氣質量表

六、身心疾病量表：評估了解學生身心健康，亦可作爲高關懷同學篩檢之用。

- 貝克憂鬱量表第二版
- 貝克絕望感量表
- 貝克焦慮量表
- 貝克自殺意念量表
- 曾氏心理健康量表
- 健康、性格、習慣量表
- 邊緣型人格特質測驗

七、投射測驗：

- 羅夏克墨漬測驗
- 班達完形
- TAT 主題統合測驗
- 畫人測驗
- HTP 屋、樹、人
- KTP 家庭動態圖

❖第四章　個案不適切行爲之行政處理原則

　　如本人在第一篇中談及近年來由於校園文化的變遷，學生問題也都在轉變之中，學生問題的性質也更多元化，如：網路成癮、暴力個案都較於過去增加不少。這類型的特殊個案會留在後面的章節再探討其處理的原

則，本章節則討論在校園諮商中，個案進入諮商中心常會有的不適切之行
為與其處理原則。

一、為求做作業而來拜訪諮商中心的個案

現象：多數此類型的個案，當詢問其會談的目的與主訴時，較無法具體陳
　　　　述與聚焦談及其主訴問題，會談中也容易長期保持沉默，常在會談
　　　　時間接近尾聲時，才說明其拜訪的目的是由於教師或同儕推薦來參
　　　　觀或了解諮商中心。

處理原則：

　　1.諮商員了解此目的後，可簡單介紹一般諮商架構，說明常有之諮商
　　　歷程與流程，包括：探索主訴問題背後促發原因，或者過去的一些
　　　與目前困擾相關的議題與經驗，之後多協助個案思考如何解決問題。

　　2.鼓勵來談的學生思考近日有無需深度探索自己或欲解決的問題，若
　　　有，將來可以安排進入諮商歷程。

　　3.介紹諮商常用的學派及做法。

　　4.歡迎個案未來再次造訪，但鼓勵若下次來訪目的仍由於作業要求所
　　　致，最好一開始就說明，因而心理師可另作處理。

二、在諮商過程中較不希望維持專業關係的個案

現象：多數此類型的個案，在諮商過程中，經常漫談生活瑣事，諸如：會
　　　　詢問諮商師的個人隱私，婚姻狀況、個人資料、政治立場、亦有邀
　　　　請外出喝下午茶、與連結雙方是否有互相認識的人等等現象。同樣
　　　　的，也難聚焦深入自己某項問題與議題。

處理原則：

　　1.盡量維持專業治療界線。

2. 不要立即回應個案問題，而是詢問個案來談原因，並探索爲何希望
了解諮商員的個人隱私資料，而非著重在個案自己本身的問題與困
境中。

3. 從個案的回答，想辦法由個案反映出的困難，如：由於缺乏親密關
係或重要他人因而好奇諮商員之隱私，並欲連結諮商員；若此則可
探討個案人際關係中的困境；若個案的回答是發現其生活無目標，
因而欲探索諮商員個人隱私，則可協助個案探索其興趣、性向與生
涯規劃。

三、送禮的個案

現象：多數此類型的個案，可能是爲了感謝諮商師協助、想與諮商師做朋
　　　友，或因經常性的遲到早退而感受到罪惡感，而希望能討好心理師。

處理原則：

1. 探索個案贈禮的背後原因。
2. 諮商師說明自己的原則，盡量保持專業界線。

四、為了法律議題而來的個案

現象：此類型的個案，在諮商會談中，大多無法專注於個人問題或自我探
　　　索，而聚焦於控訴其配偶或親密關係伴侶之不是，當諮商員要聚焦
　　　於個案之自身問題、困境時，個案經常會再度轉移去控訴其配偶或
　　　伴侶。此種現象多數反映出個案目前可能正與配偶／伴侶進行離婚
　　　或分手的程序，亦或雙方正在爭取親權／監護權，而希望透過諮商
　　　會談之紀錄，用以在民事法庭爭取其權益或索賠。亦有些個案，在
　　　某種爭端與困境之後，也會在會談時，不停地控訴爭端另一方，而
　　　非聚焦於事件的起始與其帶來之意義，這些現象都有可能是希望透

過諮商會談之紀錄，用以在民事法庭爭取其權益或索賠。

處理原則：

1. 協助個案聚焦於事件背後的成因，鼓勵善用晤談時段，探討造成個案困境的個人因素與帶來之意義與影響，並協助其探索可能有的因應方法。

2. 諮商師在處理此類型個案，得需小心謹慎，也需留意個案是否暗中錄音錄影，特別是在記錄時，盡量使用中性字眼，避免一旦諮商會談紀錄進入法庭，個案反而因諮商員在會談紀錄中使用的字句而衍生後續法律問題。

四、違反時間架構的個案

現象： 多數此類型的個案，遲到、早退、會談結束前提及重要議題而要求延長時間；亦有經常無故不來、臨時取消或臨時更改晤談時間。

處理原則：

1. 再次說明諮商時間架構。

2. 共同探討此類型行為的原因，是否有其他阻抗的因素。

3. 探討此種行為可能的移情、反移情。

4. 中心需制定政策規定，若個案經常性的遲到、早退或更改晤談時間，最多再給予一次機會安排會談；若有兩次以上此現象的發生，就應暫緩一至兩個月排案，避免經常性的缺席，濫用中心資源。

五、非自願的個案

現象： 多數此類型的個案，是經由導師、親友轉介亦或者違反學校性平規定，或因問題行為而被學務處懲戒後要求之強制輔導個案；多數來會談時，由於阻抗因而會維持長期沉默、甚至面露不悅表情、也拒

絕談及其被強制輔導之原因。

處理原則：

1. 說明保密內涵與限制，因有可能必要時，必須將其會談資料知會相關單位。
2. 在記錄時，盡量使用中性字眼。
3. 首次會談時，應避免立即探討其被轉介而來的原因，而是先由探索其生長史開始討論其生長環境對該生人格的影響，期間多使用同理心，引導其進入自我探索之歷程，喚起該生對自身困境了解之興趣，而後再轉為談其被強制轉介而來之問題行為。

六、沉默 / 尋求建議的個案

現象：沉默、希望治療師提供意見

處理原則：

1. 反映個案行為並探索意義，是有任何的擔心或不安，還是對自己困擾不知如何說起，若是後者，則可使用較投射的方式開始，諸如討論其近日夢境或使用繪畫或自由聯想方法開始。
2. 建立會談目標及期待。

❖第五章　輔導股長及志工訓練

　　輔導股長：建立輔導股長制度的目的，是希望在每個班級中尋求對心理衛生議題有興趣的同學，提供其基礎的心理健康知識，透過其對心理健康的認識，較能夠辨別或敏銳覺察身邊同儕是否有心理衛生議題，及周遭同學的適應狀況，並藉由同儕影響力鼓勵那些同學尋求諮商；這些輔導股長亦可協助推廣諮商中心的初級預防活動，如果有更多同學參與諮商中心

活動，想必能提升校園同學的心理衛生情況。

　　此制度多是鼓勵各班推派一位代表擔任輔導股長，任期一學期。其進行方式為每學期於開學前、學期中與學期末召集輔導股長聚會，提供心理衛生相關知能，並增進各班輔導股長情誼交流，擴大同學間的支持網絡。輔導股長聚會全勤者，中心將發予服務證明乙張及專屬紀念品乙份，並將名單提供給導師作為操行成績評分依據。

　　在訓練的內容，可以開始以同理心訓練及自我探索與自我照顧方法作為基礎，接著介紹在校園內較普遍的困擾問題，如：人際、家庭、戀愛分手等議題；再接著亦可舉辦一些心理治療學派的體驗工作坊，如：完形學派的遊戲或心理劇的演練，最後則可介紹在校園經常出現的心理疾病，如：憂鬱、躁鬱、思覺失調等症狀行為辨識與簡單處遇，亦或者針對自傷或企圖自殺同學，如何協助調節其情緒與簡單的危機處理作為培訓的目標。

第五篇
初級預防的重點與內涵

　　初級預防的基本概念是利用大學內所有資源，包括教學的、校內學生、教職員之活動或各種會議將心理衛生概念／訊息傳遞給全校單位主管、教職員生，以便提升整體校園社區的心理衛生層次，以及預防或預警可能的高危險群，避免急性症狀發病、自傷或出現暴力之可能性，終極目標更是增進全校師生的幸福感及快樂感。林家興（民85）亦提及初級預防的心理衛生服務，係在幫助校園裡沒有心理困擾與精神疾病的群體，預防身心疾病的發生；教育部（2014）頒定的校園學生自我傷害三級預防工作計畫中，也談及初級預防目標乃是增進學生心理健康為主體。因此，可見初級預防之重點在於以全體師生為主，以防範問題避免憾事發生為目標，在校園裡仍扮演舉足輕重的角色。

❖第一章　將心理衛生知能深植於通識教育各項學習層面內

　　目前各大專院校的三級預防計畫中，有些未將初級預防的資訊融入通識教育中；其實若把心理衛生概念放入通識課程中，會帶來很多的好處：

1. 以**多元化的教學**方式直接與學生接觸，帶給大學校園中年輕族群心理健康觀念，鞏固其未來適應社會的基礎。

2. 在課程內若編入介紹各種心理疾病，如憂鬱症、焦慮症等介紹；一方面可藉由修課學生從課程的內容習得心理衛生的概念，另一方

面，透過修課學生與其他未修課的學生的互動，亦可拓展心理衛生概念到未修課學生，修課的學生亦可進一步認識諮商中心，及其所提供的服務與資源。本人也常因為參與這些課程，在課後有不少同學前來詢問諮商中心運作的情況，同時藉機求助。

3. 除了基本的心理衛生概念之外，課程亦可**銜接次級與三級預防概念**，例如在課程中介紹團體諮商，鼓勵有興趣的學生參與和課程主題相關的團體（如：人際溝通團體、情感電影團體）以加深對該主題的了解，促進自我探索與成長；又因課程介紹大學生較常見的心理困擾主題（如：情感困擾）及精神疾病症狀（如：憂鬱症、躁鬱症、思覺失調症），使修課學生亦能發揮對同儕的預警功能，以便在緊急狀況發生時容易提早發現或處理。

因此，諮商中心可積極爭取在通識教育中開設「大學入門」這門課，這門課程可將憂鬱與自傷防治等相關知識編入教材中，透過精神病理相關內容的介紹，加強學生對焦慮、憂鬱症狀與自傷行為的了解；另又可透過人際互動技巧、自我紓壓方式、生涯探索等內容的傳遞，來降低校園憂鬱自傷的發生率，達到防範的效果。另，通識課程內容還可加入：大學內校園的相關資源、大學生的愛情、兩性關係、性平概念、預防親密關係暴力、情緒管理等等議題，而這些都是目前大學校園的熱門話題。

❖第二章　實施新生入學篩檢與後續關懷

一、目標

依前述，諮商中心為了要讓校園全體的同學及早了解自身之心理衛生狀況，因此，常於新生入學時，就進行新生心理衛生全面性宣導與篩檢，希冀介紹與宣導心理衛生基本概念，以及透過相關測驗量表來協助同學對

自己心理狀況有一個初步概念化想法；同時亦可及早發現目前已顯現了心理困擾，需未來諮商中心持續關懷與追蹤輔導的同學群體，藉著早期發現、早期介入，減少同學在未來惡化成憂鬱、自傷甚至暴力之可能性。

二、策略

　　藉由新生始業式或新生訓練時，諮商中諮商師介紹諮商中心的性質及其業務範疇，並宣導及鼓勵新生們積極參與近期的心理衛生量表施測之填答，以了解自身的心理衛生狀況，進一步篩選出需要諮商中心後續持續提供關懷與諮商輔導介入之同學。

三、行動方案及程序

(一) 諮商中心進行測驗工具挑選

　　過去本人主持的諮商中心，曾選擇基本人格量表（BPI）以及貝克憂鬱量表第二版（BDI-II），作為篩選工具與量表。

(二) 於新生始業式暨新生訓練活動中，諮商中心進行宣導及鼓勵新生參與施測，之後到各班級施測

　　通常諮商中心會爭取在新生訓練活動中之某個時段，向全體大一新生宣導心理衛生基本概念，同時說明諮商中心將盡早與各系所大一班級導師聯繫評量時間，之後會至各班說明評量目的及指導填寫量表，也會尊重同學參與之意願，並鼓勵大一新生積極參與心理測驗之施測與填答。

(三) 大一新生測驗解測

　　在測驗實施結束後，諮商中心會自行計分或交由測驗出版公司計分及提供評量報告後，分次到各班詳細說明測驗解釋量表計分之意義及測驗結果代表之意義，進而鼓勵同學對自身測驗結果提出問題及討論，以了解自身之心理衛生狀態；至於對自己之心理衛生狀態高度興趣並欲深度了解的

同學，諮商員亦鼓勵其可至諮商中心申請約談時間，了解其自身之測驗結果；甚至未來，可參加中心舉辦的各種心理衛生活動或成長團體。

諮商員並會提醒及鼓勵量表計分結果符合高關懷標準之同學，邀請前至諮商中心，做進一步的晤談了解，以便提供必要的協助，有時亦會以電子郵件或信件，用以邀請及提醒，其信件在後面章節提供範例。

圖七新生入學篩選與高關懷學生追蹤關懷之流程圖，如下：

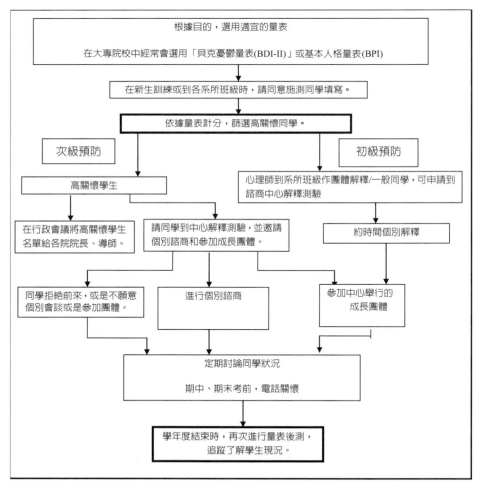

圖七　新生入學篩選高關懷學生流程圖

❖第三章　推展多元豐富的校園紓壓運動

　　近年來，大學生在課業、生涯、人際、生活、經濟皆顯露出比往年更高的壓力，也期待能夠透過大學資源得到更多壓力管理的知識，以便幫助自己面對無可避免的日常生活壓力。

　　在初級預防的工作中，可推出單元性的體驗性活動，不只是分享壓力管理的知識，更能直接對學生提供紓壓活動，通常這種活動廣受同學的歡迎與參與；過去很受到學生歡迎的紓壓活動有：DIY 手工娃娃、音樂冥想放鬆團體、馬賽克拼貼團體、芳香精油指壓按摩活動、透過生理回饋儀器來學習如何減壓、DIY 創作狂想、DIY 創意時鐘、"'Wii' will rock you" 運動遊戲等等。

　　諮商中心亦常提供短期或單日性的工作坊，也可成為初級預防的一部分，這種單元性的紓壓體驗活動或單日的工作坊，有幾點好處：(1) 僅有一次，不像團體諮商需承諾長期的時間，可提升報名及出席率。(2) 體驗性活動，可讓同學直接感受紓壓後的放鬆與愉悅，又能增加與同儕的人際連結與互動，因而有多重優點。下述為諮商中心可辦的單日或短期工作坊，容易叫好又叫座的有：和探索早期家庭關係有關的「家庭星座探索」、「我的家庭──我的愛與困擾」、「離家與返家」；有關戀愛交友的活動如：「談一場偶像劇的戀愛」、「愛情學分保證班」、「親密關係與自我成長」、「分手的漂亮身影」；有關職涯探索的如：「我的未來我的夢」、「職涯實務準備」等等。

❖第四章　走入校園最前線，結合系學會活動並推行「學習夥伴／輔導股長制度」及義工教育訓練

　　近日許多諮商中心，皆推動院系心理師，而這些心理師的工作與功能，即是進入其專屬學院系所認識同學，介紹心理衛生概念，並經常結合系學會的活動，推展相關心理健康知識。同時，經由這些活動挖角或認識一些較爲熱心的同學，成爲諮商中心之學習夥伴或輔導股長，其目的在於藉由熱心的同學發揮其同儕影響力，協助推廣及宣導心理諮商輔導中心的各項心理健康活動，並加強自身更深入了解基礎的心理健康知識。許多學校的輔導股長制度及義工教育訓練，其流程多爲：

　　通常諮商中心鼓勵各學院系所各班級推派一位代表擔任輔導股長，任期一學期。該期間，鼓勵這些熱心的同學，定期來參與諮商中心之訓練課程，藉由如：「介紹憂鬱、躁鬱症議題」、「面臨壓力事件時，如何調適」、「自傷個案認識與處置」等訓練課程，提升這些同學，調節自身情緒的能力，發揮其溝通技巧，協助班級有心理困擾之同儕，並推薦諮商中心的各式活動。本人過去推動此制度時，多以大學部學生爲主，其實若在研究生中推廣此制度，應更具說服力，更能有效。

❖第五章　聯結舍監加強宿舍關懷

　　目前許多大學宿舍裡皆配置有管理員及舍監，這些管理員及舍監常是學校第一線與學生接觸的人員，也最了解大學生在宿舍中之生活作息與產生的問題及困擾。因此，若能連結這些與學生第一線接觸之人員，並加強其關懷之能力，常常能及早預防或降低同學產生自傷或暴力的機率；同時，許多舍監若能有更多的心理衛生知識，也能降低他們自己工作及管理

中之壓力，同時諮商中心之諮商員若能定期與這些舍監座談，討論其在宿舍管理時發生的問題，於第一時間即可立即介入處理。諮商員並可在學生期中考、期末考週前進入宿舍，為同學加油打氣，亦提供減壓小技巧與自我照顧知識，同時可舉辦期末個別的紓壓活動。

❖第六章　活絡地方區域各項資源之連結

　　有時學校同學產生問題與困擾，也會波及校園周邊的社區，例如：曾有位躁鬱症同學在躁症發作時，到校園周邊電腦店為諮商中心訂購 50 台電腦，本人接獲消息後，就必須與諮商員一起到店家致歉，說明並取消採購，在獲得店家諒解後，並邀請店家來參與許多中心舉辦的心衛活動，而他們也欣然與會，日後甚至幫忙中心宣傳許多相關活動，邀約朋友參與，以便增進心衛常識。

　　另一起事件為在校外租屋同學們，其住處著火導致有同學喪生火窟，有些同學則嚴重燒傷，因而中心同仁邀請消防隊與受到波及之系所老師／同學一同接受火警逃生的教育以及哀傷輔導的活動。這些校園周邊社區機構的合作經驗皆增進了與社區鄰里、機構與中心的良好關係。

❖第七章　舉辦徵文活動及電影欣賞活動

　　中心也可定期舉辦徵文活動，邀請同學們一起來寫下生命中的獨特經驗，分享個人成長、走過人生低潮的生命故事。透過書寫的方式達到情緒宣洩的目的；也協助正在困境中的同學有機會閱讀到他人的故事，而得到普同感與走出困境的希望。

　　電影欣賞與討論也是一個增進校園關係及提升心衛常識有力的活動；特別透過得獎影片及其內容涉及憂鬱症、焦慮症、躁鬱症主角的起落變化

的影片，在觀賞結束後，藉由討論讓參與者除了了解這些症狀的意義，也可因影片而開放自己許多問題。

❖第一章　個別諮商之重點與流程

如前述，個別諮商來訪者皆需經過初談程序，由專任諮商員或是受過初談訓練的實習生進行初步的會談評估後，將來訪者的狀況概分類為「危機中需立即介入」、「需盡速派案」、「需兩三週排入」、「可等待派案」等等級，並由組長安排適合個案的諮商員後，安排諮商。諮商時，諮商員應依個案之問題性質選擇合宜之流派與技術諮商，諮商後諮商員亦應填寫諮商會談紀錄，與其他相關資料（如：心測結果）放入檔案內。

諮商中心平日大多有專任及兼任諮商員於中心固定進行會談，解決學生的心理困擾；專任諮商員也會擔任兼任老師的個案管理員，協助兼任諮商師處理個別諮商以外的行政系統協調事宜，確保服務品質。對於緊急個案，則有另一套完整的處理流程會在之後的七、八、九、十篇內的章節提及。緊急／危機個案亦會於每週中心例會上提報，以團體督導與諮詢的方式，了解緊急個案緊急的程度與被服務的狀況，以提升品質。

一、在大專院校之諮商模式與技術

基本上在大專院校之諮商模式與技術多以短期、焦點及認知行為治、現實治療模式較合宜。以下以一些常見的個案來說明模式與技術之使用：

如前第四篇第二章提及，在上學期快接近期末考，特別是進入十二月分後，通常進入中心求助的個案會大量增加，而個案性質也多是焦慮與

憂鬱症狀，而當深入討索焦慮憂鬱問題的起始，多是來自自覺無法消化吸收上課筆記或教科書，也無法應付考試，而引起的害怕、恐懼，亦或是馬上要面臨上臺做報告，而擔心自己表現不佳所引發的恐慌，也有的是因為學期快結束了，而自己無論是在社團活動或和同學的人際交往或情愛關係上，都不如自己的預期，而產生的失望憂傷，在不知如何有效因應這些害怕、憂傷下，久而久之，就發展成焦慮、憂鬱症狀。

因此處理憂鬱、焦慮症同學，不能只處理其表面的症狀，而應從每次憂鬱焦慮情緒發作的相關事件著手，了解這些相關或所謂的促發事件，如何勾起其自動化想法，而自動化想法又如何加深其負面情緒，同時引發其失功能的行為；如憂鬱同學的內在自我對話系統常可呈列如下：

我已花了三小時唸這一章節教科書，卻只能了解第一段，其他部分簡直像天書一樣，完蛋了，考試一定是不及格，成績也大概會落在倒數幾名，我在上學期成績就這麼差，下學期更別說了，我將來怎麼在這系混下去？我根本不應來此系此校念書，反正也是無望，乾脆去睡覺好了，最好永遠不要起來了！

而長期在此種思考情緒行為模式下，就逐漸發展成憂鬱症狀了。而若深度探討憂鬱症狀的起始，其實是常緣由個案面臨壓力情境時，就會自動化的連結到偏差扭曲的「自動化想法」、「不合理的信念」或認知治療所謂的偏誤的「中介信念」、「對人不合理的預期」及因應方式等等的認知基模上。若可協助個案覺知其憂鬱焦慮的產生，其時是經歷一連串的思考、情緒、行為鍵連結合而成，接下來即可教導其如何打破此鍵連，並打破憂鬱焦慮狀況。如以上述學生之思考模式為例、教科書看不懂，可找同學討論或請教老師或找別的參考書來了解，用實際解決問題方法取代睡覺

此無效的行爲；若上述失功能的思想／情緒／行爲鍵連很難打破，則諮商員須繼續探討其早期家庭的互動方式，來理解個案在童年時，是哪個重要家人不斷灌輸其「無能」、「不被需要」等負面訊息，而個案內化了這些訊息，變爲固著的「核心信念」，久而久之，在壓力狀況就容易產生與核心信念連結的自動化想法。

以上提及的諮商方法，是諮商員熟悉的認知行爲治療技術，通常用於協助大學生處理非重度的憂鬱焦慮狀況，除了使用上述技術，本人也會採取「理情」、「現實」、「焦點」等技術，讓個案從小的、部分的修改其偏誤的認知基模及想法，或再藉由完形、角色扮演等技術來活化其有效合宜的行爲，慢慢改變其狀況。

有時學業或學習狀況引發的焦慮憂鬱問題，除使用上述技術外，還要結合協助個案訂定合宜的時間管理方法或讀書時間，如周日有固定的讀書時間，而非經常性的臨時抱佛腳，或協助其加入或組成小團體讀書會；甚至在諮商開始時，個案表現出過度焦慮狀況時，則需先使用放鬆練習或正念練習，讓其先安定下來，才能有效進行檢核及修正其自動化思考等活動。

在下學期步入春天的三、四月，常是躁鬱症同學的好發期，自然這些同學會產生此疾患症狀，不少是由於其遺傳因子造成（見本書第八篇第二章），但由本人的臨床經驗也發現這類同學的發病，有不少是緣由其家人的特殊期待，如其爲家中唯一一位讀研究所之子女，父母常在鄰里間吹噓，使得個案也內化這些信念，也相信自己需有特殊表現或是自己因而也過分要求自己要有所表現，因而形成其特別喜歡常以誇大的語言或行爲，來宣稱自己的能力或成就，其實內心深處仍充滿了自己是「不能」或「不行」或「愚笨」的自我概念。在處理躁鬱症同學時，除了要鼓勵其使用藥物控制病情外，本人一樣的有時先要使用冥想、放鬆、正念等技術，讓其有一短暫非躁期，之後仍可使用上述的認知行爲療法，讓其控制及修正其

失功能的想法及行為，逐漸度過躁期（詳細的照護方法請參閱本書之第八篇第二章）。

在下學期，也有較多同學來中心的目的在於發現自己不適合目前的科系，又茫然於不知何為合宜的科系，或是面臨畢業而不知如何準備面試及尋找工作等問題，因此協助他／她們探索其學業、興趣、性向及人格特質，還有原生家庭的職業及期待，皆是諮商員需進行的工作，有時還需再佐以生涯相關測驗、未來生活冥想等相關活動，才能逐漸找到屬於他們自己的方向及可能的生涯職業選擇。若中心在此學期已成立了生涯探索團體或校內亦有別的科室舉辦的職涯活動自然皆可鼓勵同學參加。

事實上，有些同學進入中心是由於人際困擾的性質，或是和室友有了糾紛，或是缺乏交友技術以至於在校園倍感寂寞，甚或是遭受到同儕霸凌，以上的問題，若諮商員以支持性或情緒宣洩性的諮商，佐以角色扮演、社交技術演練以及提供一些相關資訊，通常可在六至八週減緩其困擾；但這幾年反倒是情感困擾、戀愛交友、分手等議題變得較為複雜，尤其是手機興起後雖然方便聯繫但也可變為控制的工具，因此要如何談一場充滿美好回憶的戀愛，而不變質為高壓控制或恐怖情人，也是大學同學須認真修習的一門功課，不是人人天生就會。若學生來談的困擾著重在不停的更換其伴侶，或被其伴侶拋棄，或緊緊糾纏欲分手的伴侶，通常諮商員仍須回頭探討其原生家庭內的種種問題，如父母一方是否經常性的婚外情，家中是否充滿爭吵暴力等狀況，而個案如何內攝及消化這些狀況？有可能其不斷的更換伴侶、闢腿，難以和伴侶分離、個體化，而產生過分討好或疏離現象，其實是和原生家庭有關；當處理這些議題時，本人發現使用心理動力、客體關係概念輔以家庭重塑、家庭星座、家庭雕塑等技術，都容易讓個案對自己問題有了新覺察、新頓悟及新改變。若是個案問題，比上述更嚴重，也已衍生至親密關係暴力的受害者或相對人，其評估工具及詳細的處理方法，則會在本書之第十篇詳細討論。

次數	主題	內容
1	● 場面構成 ● 彼此認識	1. 說明諮商的時間架構、保密原則、轉換諮商師的原因 2. 彼此認識並建立關係 3. 收集案主個人相關背景
2	● 個人成長史的探索 ● 建立關係	1. 成長歷程（求學、人際互動） 2. 家庭經驗（與家族其他親戚間的互動） 3. 課業學習面向 4. 情感面向
3	個人特質與內在狀態的探索	案主個人特質的探索
4	對於主訴問題與壓力事件發生的歷程探索主訴問題與壓力	1. 探討與主訴問題相關的壓力事件 2. 探討壓力事件發生的歷程
5	針對引發該行為的原因進行處置	協助案主探索在此事件背後的信念、想法與情緒和成長過程的連結
6	行為與壓力控制的再確認	針對壓力紓解練習的部分做探討
7	協助案主使用身邊支持系統，降低壓力事件影響	1. 針對案主身邊可以給予的支持系統進行了解 2. 鼓勵案主能夠在壓力極大或情緒低落時，可於支持系統內尋求協助
8	諮商結束	1. 統整諮商歷程 2. 針對歷程中案主的改變與成長給予回饋

圖八　諮商流程圖

❖第二章　團體諮商之性質與流程

　　諮商中心每學期可針對學生需求或中心目標舉辦數個團體，提升同學在不同主題上的自我覺察。許多中心在學期初會從上學期來談同學的議題統計中，找出近日同學們之興趣與困擾的議題，列出並邀請有興趣提供團體的諮商員，擔任領導者，在學期中招募同學參加。下面以過去我主持的諮商中心所推出的團體，來說明在大學諮商中心的團體性質與流程。通常在上學期比較合適及受歡迎的團體性質都著重在認識自己、探索自己等的自我成長團體，亦或是原生家庭關係的探討；下學期多以戀愛、分手感情問題及生涯探索、求職等議題最受歡迎。以下以某大學某學年度為例，分享其較受歡迎的八場團體諮商。

一、某學年度上學期

1. **「找自己、做自己、愛自己」自我探索團體**：透過創作與自我分享的方式進行，促使團體成員自我了解，也透過團體成員的經驗分享與討論，了解自己過去所未見之處，在創作中找到自己思考反芻的感受。

2. **「家庭故事書寫」團體**：藉由文字書寫，探索家庭記憶，從幼時印象最深刻的事件開始探索，透過自由書寫分享成員個人的獨特經驗，藉由成員分享與自由討論和回饋，增進成員覺察家庭和自己的關係與情感。

3. **「想要告訴你我的心」人際互動團體**：藉由成員間的互動，增進彼此對自我的認識，並學習適當的人際溝通技巧，運用於真實生活之中。

4. **「愛在光影交錯時」情感電影團體**：電影討論的愛情相關主題由淺

入深，含括各種型態的情感關係、探討真愛的定義、愛情的選擇、兒時經驗的影響、同性的愛情關係、如何面對愛情中的痛苦經驗等等。

二、某學年度下學期

1. **「說一段屬於自己的光陰故事」生涯敘說團體**：透過說故事的方式進行，促使團體成員更深沉的自我了解，也透過團體成員的經驗分享與討論，了解自己成長歷程中不同層面的感受與詮釋，在相互說故事中找到自己面對未來的動力。

2. **「畫自己－話自己」自我成長團體**：透過創作與自我分享的方式進行，促使團體成員自我了解，也透過團體成員的經驗分享與討論，了解自己過去所未見之處，在創作中找到自己思考反芻的感受。

3. **「讓我好好談一次戀愛」團體：團體中探討**：如何結交異性，如何體驗真愛，如何與交往伴侶享受人生，如何增進良好的人際互動等等議題。

4. **「我的未來不是夢」生涯電影探索團體**：協助團體成員藉由討論電影中的故事情節和角色的性格及反應，交流彼此的心得和自身經驗，而獲得內心的成長及生涯方向的啟發。每次電影播放後的心得討論皆非常熱烈，尤其團體成員的科系別及年級都不盡相同，更能帶出多元化的討論角度。

5. **「為自己出征」生涯探索工作坊**：透過活動、畫畫、剪貼、經驗分享、討論等方式，讓成員覺察自己的生涯願景，發現自己所擁有的能力、優勢特質，了解自己所看重的價值觀，並協助成員檢視目前生涯的阻礙因素，並探索解決的方法和可能路徑，最後並協助成員統整團體收穫。

於後附上其中一個團體的相關宣傳文宣、回饋統計，提供各校舉辦團體諮商之參考。

❀ 想要告訴你我的心～～人際互動團體

經由體驗與討論的過程，了解自己，認識彼此。在一個令人感到安全的環境中學習把自己的心敞開交朋友，也在彼此的互動中學習觀察溝通，並從中學習挑戰自我。
★時間：
★活動地點：
★報名方式：
★聯絡電話：

圖九　人際互動團體活動邀請文宣

➤滿意度統計並製作滿意度統計圖表
問卷問題建議如下：了解文宣能傳達活動目的、感到舒服安全溫暖、參加完團體感受到更充實、喜歡此團體設計、團體內容符合需要

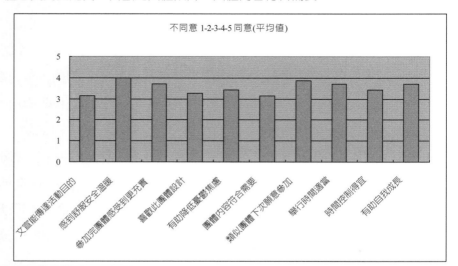

圖十　團體回饋表

　　本人也曾在大學校園提供過對抗憂鬱團體參與成員皆回饋受益良多，以下分享該團體的結構設計。

團體次數	單元名稱	單元目標
1	第一類接觸	團體成員與領導者互相認識 認識憂鬱症 共同訂立團體規範 分享期待、訂立目標
2	一元復始	促進團體凝聚力 認識認知治療 了解負向情緒來源 分辨及思考扭曲想法 了解事件／情緒／認知／症狀間之關係
3	陰天bye	了解自己憂鬱時的身體反應 找出自己慣用的處理情緒方式 學習辨識自己的感受及自動化想法 釐清事件／情緒／認知／症狀間的關係
4～5	辨識認知的挑戰——自動化思考	認識自動化思考 了解非理性自動化思考 區辨理性／非理性自動化思考
6～7	辨識認知的挑戰——對人的錯誤假設（中介信念）	利用「往下想」技術，幫助成員從自動化思考中找出中介信念的假設與規則（如果我……）
8～9	辨識認知的挑戰——不合理核心信念	初步了解三種核心信念 了解核心信念的作用過程 發現早期經驗如何造成核心信念
10	向陰天bye	教導蘇格拉底問話方式 從檢視及觀察自己的生活形態，找出需要修正的地方，並嘗試修正
11	向陰天bye	找出自動化思考之正面、反面 利用自動化思考之正面、反面、來修正自動化思考及行為
12	再次向陰天bye	修正假設：修正核心信念 強化新的核心信念

團體次數	單元名稱	單元目標
13	打擊魔鬼	了解自我傷害動機，學習接受並保護脆弱時的自己 以蘇格拉底對話表重新建構引發自傷事件後的自我對話
14	秘密花園柵欄	透過心情日記看見自己的心情狀態，與每日情緒圖比對 嘗試找出中介信念或核心信念 使用問題解決工作表，鼓勵成員做主動的問題解決
15	百分百完美主義大挑戰	了解與支持生活經驗中認知修正技巧的應用 以事件討論自己是否已學會修正自動化思考／中介信念／核心信念 統整團體經驗／了解未來仍須修正的認知為何
16	繽紛新世界	回顧前十五次團體，統整團體經驗 成員相互回饋及處理成員離別情緒 評估團體成果

圖十一　憂鬱症團體設計圖

三、推展心理衛生／治療工作坊

在大學校園中推展一兩天連續的工作坊，通常都能達到一些特殊的功能與效果，而且深受學生的喜愛。現今大學校園仍常舉辦心理劇藉由這些技術，例如：布景、鏡子技巧讓同學容易進入其生活困境的情境，再藉由雕塑技術、主角、輔角之角色更迭，讓其擴大對自身困境之視野，並藉由演出、空椅技術，宣洩讓其閉鎖在內的情緒，而最終同學們對自己的問題因為有了更寬廣的認識與覺知，亦從心理劇的活動讓其得到深度身體、情緒的舒洩，主角個案而能去除其阻抗進入改變歷程。除了心理劇外，一些表達性的活動，如藝術、音樂、舞蹈及戲劇治療都是學生有高度興趣參與的治療活動。

❖第三章　高關懷學生的諮商與後續追蹤

如前述，心理師在新生始業式或訓練時，進行心理衛生講座及宣導，之後則赴各班級以心理測驗來進行高危險／高關懷同學之篩選。當篩選出符合高危險／高關懷的同學後，則需進行後續追蹤，盡可能安排與這些同學會談的機會。

一、篩選

過去中心通常將高關懷高危險的同學訂定在全數新生的 5%～6% 間，來決定其心理測驗的篩選分數截切點爲多少，多年來依照前述百分比所篩選下來的同學，數量會在 50～60 人之間。而篩選出來的同學，以情緒困擾組型（焦慮、憂鬱）最多、其次則以人際困擾問題爲多（無法與重要他人相處，或經常表現出反體制、叛逆的態度），最後的群體多是呈現較明顯的精神疾患的症狀，如：過分躁動，有幻想、妄想等問題；諮商中心將同學篩選後會先建檔，並邀請進入個別會談中。

二、建檔後通知高關懷學生、追蹤學生

諮商中心完成篩選名單後，則需參考心理衛生三級預防工作目標，寄發約談通知單。通常此信件會密封或加密發至學生班級信箱，同時亦會密函通知班級導師，信件形式陳列如下：

大一同學好

幾週前施行的○○量表個人報告，已經寄到諮商中心了。我們發現這份報告仍有些資料需要為你做個別的解說與報告；自然，這份個人評量報告是你私人資料，受資料保護法的規範限制，我們不會輕易轉交給任何人，也不便授權給他人領取或了解報告內容。所以，請你撥空前來諮商中心一趟，由我們的專業心理師與你做進一步的討論。或先電話詢問時間，你可以撥打內線（分機號碼）／諮商師名字或分機號碼／實習諮商師名字，方便聯繫之時間。

學生心理諮商中心關心及祝福你

圖十二　邀請函

三、高關懷學生的輔導安排

當高關懷的學生前至諮商中心時，諮商中心同仁會立即安排接案晤談（intake），評估其當前的適應功能與危機狀態，再做合適的諮商安排，以支持學生能面對學期壓力，建立因應問題的能力與信心。

四、與導師保持聯繫

若在名單上符合高危險／高關懷的同學，但遲遲未與諮商中心聯繫，一個月之後，諮商中心會主動與其導師聯絡，請導師能持續在日常教學活動中關懷學生，同時鼓勵學生赴諮商中心進行晤談。

五、未被篩選但後期出現困擾之同學亦為未來需追蹤輔導的對象

除篩檢出來的高危險／高關懷同學外，每年的新生也常在日後的學期活動中，如：運動會、系學會等學生活動中，被導師或其同儕觀察到，出現了適應不良，像是有焦慮、低落等負向情緒的同學，亦可推薦至諮商中心成為高關懷的學生，日後中心也會對他們定期追蹤，並鼓勵赴諮商中心晤談。

六、高關懷同學邀請模式之整合表

方式	情形	說法
電話	請問是xx同學嗎？	你好：這邊是心理諮商輔導中心，我是xx老師，你現在方便說話嗎？
	同學不方便	什麼時間你比較方便，我再打電話？（約時間，再打）
	同學方便	上次新生訓練的時候，我們有請你填寫量表，現在結果已經出來了，有些地方我需要當面跟討論，不知道你什麼時候方便來諮商中心一趟，直接約日期、時間。
	同學不願意來	詢問原因，表示「我們很關心你的情形，測驗結果顯示我們需要進一步了解你的情形」，繼續邀請他到中心來當面談。
	同學提出疑問	Q：只有我接到電話嗎？ Q：我沒有預約測驗啊？為什麼找我？ A：你的測驗填答有幾題不清楚，我們需要請你當面來確認一下。 A：你的測驗結果，分數是比較高的，讓我們有一些擔心，故邀請來談談你如何因應大學生活。 A：開學一段時間了，我們想關心一下你在學校的生活適應情形。
同學到中心	跟同學解釋測驗結果	
	解釋完之後，根據測驗題目同學填分數較高的題目，關心同學目前生活上主要的壓力源	
	＊請他想想這個情形有多久了，他打算如何因應這個情形？ ＊如果同學沒有提出具體的方式，可以接著說，根據我們的經驗，是可以用一對一談話的方式，協助他找到壓力的來源，以及日後可以處理的方式（例如：處理情緒低落）。之後邀請同學個別會談，進入初談程序。	
	同學不願意	A：可以先了解一下此同學遇到困難時，他會如何因應？繼續邀請他下週再來，繼續討論因應方式。 A：詢問原因，了解同學的考量，協助他了解，個別會談可以幫助他什麼，請他試試看先談個幾次。看看是否能幫助到他，再決定要否續談。 A：以上都試了仍失敗，將同學的狀況記下，週二開會討論。也可提供中心成長團體、紓壓活動、心靈演講等資訊。
	同學願意	邀請同學下次過來個別會談的時間，中心將安排會談時間和老師。
	最後告知在期中考、期末考前壓力較大的時候，會再去電關心。	
期中、期末考前	電話關心生活適應情形（或針對之前談話主題，繼續關懷） ＊提供中心活動和團體主題訊息。	

表二 高關懷同學邀請方式

❖第四章　導師輔導知能研討會與各單位合作辦理「橫向連結會議」

一、提供導師輔導知能

　　導師工作向來是校園輔導工作重要的一環，雖大學班級導師與學生的互動不若中小學來得密切，但導師定期與其導生聚會與平日課堂上之觀察，皆可早期發現學生的困擾與異狀，也是校園心理衛生可著力的重要時機。

　　現今，幾乎每個大學諮商中心，皆會於每學期定期舉辦「導師輔導知能座談會」，藉由邀請導師與會時，提供及宣導各式心理衛生健康之常識，用以提升導師之專業知能。導師們常常會期待諮商中心提供的座談會內容有：「自傷與他傷危機個案辦識與處理模式」、「校園親密關係暴力的理解與處理」、「高自殺危機及邊緣性人格違常學生之輔導」、「校園性平問題的樣貌與處遇」……等等，藉由這些主題的講演與討論，導師們通常可提升他們辨識與輔導高危險群學生的能力。有時系所導師亦期待諮商中心與企業界、人力仲介與校園生涯輔導人員合辦活動，透過三方／四方的對談，有助更有效的協助學生之就業問題。

二、與各行政單位合作，舉辦「橫向聯繫會議」

　　由於目前許多大學的校園問題，如：前述的校園親密關係暴力或是校園各種性平問題，都可能會牽涉數個系所介入，也可能會與校內其他單位，共同合作處理，諸如：同校學生情侶產生裸照惡意網路傳播事件，就會牽涉到性平會議以及學務處的懲戒機制，也經常會需學校的校安人員、生活輔導組介入處理，因此，諮商中心就需與校內的許多行政單位，保持橫向聯繫與合作關係；更何況，許多校園內的糾紛經常是涉及到心理衛生

議題，於此，諮商中心也需與學校各個處室，定期舉辦心理衛生講座及橫向聯繫會議，若各處室主責人員皆有心理健康概念，較容易溝通協調，並同步處理。

　　諮商中心有時也需透過公告信、網頁宣傳、行事曆，定期將有助於心靈提升的活動匯整公告，期望能更有效地傳遞於整個校園、社區身心健康活動之訊息。

❖第五章　區域應提供個案研討會及多元的進修管道來提升團隊專業知能

　　工作團隊的專業素養與能力與他／她們對教職員生所提供的服務品質息息相關，因此中心若能以積極的態度提供工作人員多元化且具完整性的進修管道，相信更能吸引全校教職員生對中心的使用率；若中心經費寬裕，可提供每位諮商員每學期至少兩次的專業個人督導時間。多數諮商中心亦會至少一學期舉行一次團體督導或個案研討會，個案研討的報告表格請詳見附件十八；目前許多諮商中心在舉辦個案研討會時，都會邀請該地區性的臨床／諮商心理師及精神科醫師與會，並提供專業上的指導及建議，增進區域性的專業知能；亦會不定期地在中心舉辦諮商員再教育活動，如藝術治療、心理劇等，增進專業助人知能及開闊視野。

第七篇

三級預防：校園危機個案類型、性質、危機處理原則及團隊

　　如前述，在 90 年代，本人擔任諮商中心主任時，鮮少有校園危機個案，但至 2000 年後，此類個案越來越多；國外亦然。如 Smith 等人（2007）在其論文中提及，檢視近年來美國大學諮商中心業務之變革，發現由於嚴重問題和困擾個案有增多趨勢，因而需處理危機個案及學生精神疾病發作等議題日益增加，故建議美國大學諮商中心，需積極調整服務的向度與增強學校各處室之橫向聯繫，以有效解決問題。

❖第一章　國內外大學校園危機個案類型與性質

一、過去研究顯示之國內外校園危機類型與性質

　　麥麗蓉與蔡秀玲（2004）整理國內大專校園常發生的危機，有來自外力的干擾，如強暴、破壞、暴力威脅等，也有源於學校或學生本身的問題，如學校遭受集體災害、學生自我傷害等；他們訪談了 6 位具心理、社工背景資深的輔導中心主任，結果亦指出大學校園中常面對的危機類型可分為：精神疾病引發的突發狀況、自傷或傷人事件；感情糾紛引發的自傷、傷人與恐嚇威脅；性騷擾或性侵害事件須進行的立即性處理；其他還有課業挫折、壓力過大引發的自傷行為、學生連續意外死亡引起的校園恐慌、家長或校外人士對學校威脅恐嚇等大類。

　　在美國的校園，Robert（2000）研究則指出，最常見的危機是因個案

的慢性心理疾病或人際問題所引發的事件，另外還有自殺、性侵、親密關係暴力、同儕暴力、酒精或藥物成癮，及個人的喪親與不幸。另，Allen 等人（2002）以 276 位學校心理學家為樣本，發現大學諮商中心常見的大學校園危機為：暴力／攻擊、失落、自殺、校園槍擊及創傷後壓力症狀等事件。而 Meilman 與 Hall（2006）的研究則顯示，心理師在校園最常遇到的前 10 項危機為：學生之間的肢體攻擊、嚴重疾病／受傷、意外死亡、企圖自殺、攜帶槍枝、教職員意外死亡、師生之間的肢體攻擊、性侵害／強暴等。

至於危機個案和心理健康的關係，Smith 等人（2007）的研究指出，危機個案中有 36% 屬心理健康問題，其中 18% 患有嚴重心理疾病，須接受心理衛生諮商（mental health counseling）；17% 求助的學生其實有就診服藥歷史。

雖校園危機個案增多，麥麗蓉與蔡秀玲（2004）卻也正面的認為：若危機處理得當可化險為夷，凝聚師生共識，並從危機事件中獲得重要學習；反之，則可能導致嚴重傷害，甚至付出更高的代價。

二、作者近年對國內大專校園進行的危機類型之研究

(一) 研究對象、工具及議題

在本人第二次接掌諮商中心主任時，由於不斷的處理危機個案所衍生的校園議題，因此不禁好奇是否其他的大學校園，亦有同樣的現象與困擾，因而與當時的同事王沂釗於民國 100 年，以全國 163 所大學之諮商輔導中心主任、組長與諮商員為研究對象，使用自編「諮商員對大學校園危機處理現況調查量表」來調查 171 名諮商中心任職之實務工作者在大學校園中所處理過的危機個案之案件數、類型及樣態。內容包含：(1) 曾處理危機個案之相關經驗、類型、數量及性別；(2) 諮商員面對各類危機個案

時會蒐集之資訊、針對各類類型個案會使用之衡鑑工具，並排序個人面對各類危機會採取之流程；(3) 處遇危機個案時引發之通報與倫理議題，如通報條件、通報對象、通報時所遇之困難，會尋求哪些單位協助等。

　　同時，這項研究中並邀請這 171 位諮商員中有意願接受深度訪談的諮商員，以半結構式的訪談大綱來了解諮商員 (1) 過去介入危機案件並處理的概況、(2) 最常接觸之危機個案樣態、(3) 印象深刻之危機處遇經驗、(4) 危機處理後對個人所受之影響與如何調適、(5) 個人及學校諮商中心如何提升危機處理之效能。之後共有 8 位諮商員表達其有意願接受訪談，此 8 位分別服務於北、中、南、東四區之大學院校。

(二) 研究結果：國內校園中之危機案件數、類型及性別比例樣態

　　在 171 名諮商中心任職之實務工作者中，僅 12 位研究參與者未曾處理危機個案，即 98% 的諮商員皆處理過危機個案；總計過去兩年（民國 98～100 年間）內曾處理過之危機案件數為 2072 件（男性個案為 873 件，女性為 1199 件），平均每位諮商員在兩年內處理 12.12 件（2072／171）。諮商員最常處理的危機類型（複選），前五名依次為精神疾病發病（17.3%）、企圖自殺（14.6%）、自傷（14.1%）、經歷重大創傷（11.1%）及遭受性侵／騷擾（10.1%）。

　　同時諮商中心的實務工作者處理之危機個案以女性居多，惟男性個案出現的危機問題常較為嚴重，如自殺身亡。在上述四項危機類型之性別比例分別為：精神疾病發病：19.8% vs. 15.5%（男多於女），企圖自殺：13.1% vs. 15.8%（女多於男），自傷：9.9% vs. 17.3%（女多於男），經歷重大創傷：8.8% vs. 12.8%（女多於男）；同時，在上述四項以外，男性還多與性侵／騷擾他人（12.9%）及暴力傷害他人（11.3%）有關；而女性個案則較多與遭受性侵／騷擾（14.8%）及交通天然災害等意外事件傷亡（5.5%）有關，請參見以下表格。

危機類型	男性（%）	女性（%）	總計人數（%）
精神疾病發病	173（19.8）	186（15.5）	359（17.3）
企圖自殺	114（13.1）	189（15.8）	303（14.6）
自傷	86（9.9）	207（17.3）	293（14.1）
經歷重大創傷	77（8.8）	153（12.8）	230（11.1）
遭受性侵／騷擾	33（3.8）	177（14.8）	210（10.1）
遭受暴力傷害	51（5.8）	121（10.1）	172（8.3）
性侵／騷擾他人	113（12.9）	31（2.6）	144（6.9）
交通、天然災害等意外事件傷亡	74（8.5）	66（5.5）	140（6.8）
暴力傷害他人	99（11.3）	27（2.3）	126（6.1）
自殺身亡	47（5.4）	35（2.9）	82（4.0）
其他	6（0.7）	7（0.6）	13（0.6）
總計	873	1199	2072

表三　危機案件之性別樣態摘要表

(三) 心理師印象深刻的危機及常處理的危機類型案例

　　根據八位受訪者之訪談結果（表三），平均每位受訪者每年要處理5～10名危機個案，但各校危機案件之發生頻率差異頗大，從平均每週3～4名、每兩週1名，甚至一年2名皆有；至於最常處理之危機類型，主要為（企圖）自傷及自殺、精神疾病發病、性騷擾及暴力案件，上述結果與量化資料相近，但經歷重大創傷之案例是受訪者較少提及之類型。

受訪者	頻率	危機個案類型	危機個案性別樣態
A		各類型皆有，自傷自殺最為常見，暴力次之	女性居多，但男性危機程度較高
B	每週3、4名	自傷自殺最多，精神疾病次之	女性居多
C	一學期3、4名	自傷自殺最多，精神疾病次之	女性居多
D	每兩週1名	精神疾病最多，其次依序為創傷、自傷自殺、性騷擾、暴力	精神疾病、自傷自殺以女性居多；性騷擾、暴力以男性居多；創傷則無明顯性別差異
E	一年5-10名	遭受暴力最多，自傷自殺次之，精神疾病、性騷擾再次之	女性居多
F		精神疾病最多，自殺自殺次之，性騷擾再次之	女性居多
G		自傷自殺最多，性騷擾次之	自傷自殺以女性居多，但自殺身亡、性騷擾他人則多為男性
H	一年2名	精神疾病最多，自傷自殺次之	女性居多，但男性危機程度較高

表四　受訪者處理危機個案情形摘要表

　　在訪談中，八位受訪者共分享了 29 件令他們印象深刻之危機案件，其中 22 件是受訪者直接晤談的個案，5 件為個管個案，1 件為受訪者遭到偶發持刀脅持案件，和 1 件自殺身亡案件之後續處理。

　　這些令受訪者印象深刻的危機案件，多屬危及生命安全的緊急事件，如自殺身亡、自殺意圖極為強烈、暴力攻擊、精神疾病等類型，但其間多有重疊或共病性，個案可能同時具有精神疾病、自殺／傷傾向或暴力行為等。如有 11 名個案為心理／精神疾患，13 名個案有自殺／傷企圖，3 名學生自殺身亡，7 名個案與家暴、親密關係暴力或霸凌有關，5 名個案有性或

情感問題，5 名個案有嚴重課業問題或人際衝突的困擾；最後，有 2 名爲學校性平會轉介之個案。

(四)危機個案之來源與其求助原因

陳等研究顯示，僅 19.7% 的危機個案是自行向諮商中心求助，而有 65.6% 的危機個案由導師（22.7%）及教官（21.9%）、學校教職員知會（12.5%）及校內同學知會（8.5%）而來。上述資料顯示，多數的個案是應他人要求或轉介而來到諮商中心，只有部分會個人主動尋求協助。而研究顯示個人主動求助多由於：在校已產生嚴重情緒困擾、人際關係適應問題，甚或是出現自傷（殺）企圖或行動，以及精神疾病急性發作等。

從質性訪談資料中，亦發現有些個案是在開始時，並沒有表露目前正在一嚴重及危機中，而在與諮商員建立較信任的關係後，才較願意透露其面臨的危機事件。如受訪者 D 與 F 曾敘述：

「原本是我們兼任輔導老師輔導的個案，輔導到一半才坦露原來她長期被性侵。」（D129）

「一開始沒有表達懷孕，是談了第二還第三次才說她未婚懷孕。」（F143）

D 與 F 一旦知曉個案之危機事件，則須立即展開相對應的處遇及介入，但因個案是中途告知其目前正面對危機，也增加了諮商員的壓力。

(五)危機個案觸發原因

由研究受訪者的訪談資料綜合整理指出，危機個案可能的觸發原因，大多爲：

1. 無法合宜管理情緒。

2. 無法適應或應付課業要求。

3. 校內外人際關係衝突與崩解。

4. 家庭關係導致之情緒困擾。

5. 情感問題（如爭執、分手）所引發之情緒、行為失控。

6. 精神疾病引發之自傷（殺）意念及行為失控。

7. 遭受人身安全議題，如性侵、性騷擾、暴力傷害或威脅導致之安全危機。

8. 出現身心症狀不勝負荷。

❖第二章　國內外學者建議的危機處理能力：一般性的模式與流程

一、國內外學者建議的一般性危機處理流程與策略

Gilliland 與 James（1997）提出一套危機處理模式：(1) 界定問題；(2) 確保安全；(3) 提供支持；(4) 檢視其他可能的選擇；(5) 訂定計畫；(6) 獲得當事人的承諾。

麥麗蓉與蔡秀玲（2004）認為諮商員進行此 6 步驟時，需同時掌握 3 個重要策略，即「評估」、「傾聽」與「行動」。其中最重要的策略就是「評估」，評估是一全面、有企圖且持續的行動，影響整個模式的運作。諮商員需能判斷：危機的嚴重性、當事人的情緒狀態、當事人其他可能的選擇、適應機制與支持系統與當事人對自己與他人的危險程度。其次，「傾聽」是界定問題時必須用同理、真誠的態度，以當事人的角度去探究與了解問題，主動評估及傾聽當事人狀態，並讓當事人知道諮商員是完全接納且無條件地支持，將當事人對自己或他人可能之危險降到最低。

「行動」是協助當事人從其可得之資源與支持網絡、其本身之適應機制與思考模式中探索，發現更多有利於當事人的選擇。可與當事人共同訂

定計畫，不代替當事人做決定，且不要讓當事人覺得自己的主控性、獨立性與自尊有被剝奪的感覺。

Robert（2000）對於運用認知治療及焦點解決治療模式，則另外提出一套 7 要項處遇步驟：

1. 做完整評估。如當事人是否需要立即醫療協助、是否有自戕或傷人的意圖、若是受關係暴力所害，其相對的加害人，是否會對當事人造成持續性的威脅、當前情境是否因藥物或酒精等物質的影響。其間是否有立即可運用資源網絡，也是評估及計畫項目之一。

2. 訂立心理契約。迅速建立和諧關係，對當事人能傳達真誠的尊重、接納、再保證和不批評的態度。因當事人在極度混亂的情境中，常需獲得保證，使其相信可在適當的場所中獲得協助。

3. 檢視觸發事件及問題為何。確認觸發事件性質為何促使當事人需尋求協助，及當前的危險性和致命的可能性有多少，即能縮短諮商員了解目前最重要要處理的問題為何之時間。

4. 鼓勵情感、情緒的探索。諮商員的共鳴性了解是回應當事人對事件感受的支持，並能就情緒狀態快速的評估，發現事情的引爆點為何。

5. 討論、探索和評估過去的因應方式。危機發生多肇因於當事人習於僵化的問題解決方式，故與當事人討論過去的因應方式對目前適應的影響，引導其意識到需做改變，且灌輸可行的因應方法，期能在想法上有調整。

6. 發展和形成行動計畫。在認知取向的治療策略中，當事人須了解什麼原因造成危機，之後運用認知重建、指定家庭作業、設想不同的問題解決方法，皆是形成行動計畫之重要步驟。

7. 追蹤。許多當事人在困境未解決前，常會中斷諮商或心理治療，是故，明確地告知當事人，諮商中心的門隨時為其而開，同時也明確

地約定之後見面／晤談的時間，了解其適應及改善情形，並提供適時的協助。

二、國外學者建議之各類型危機個案可處理之流程與步驟

(一) 精神疾病危機

罹患精神疾病之個案時常需透過藥物協助以穩定症狀，此類患者多進入醫療體系尋求幫助，故學校諮商師評估此類個案後，須與家長及導師聯繫並盡速就醫，並在個案返校後繼續追蹤。除藥物治療外，亦可透過家族治療、社交技巧訓練、社區治療等方式，降低疾病復發的可能性，並促進及穩定其功能（Kring, Davison, Neale & Johnson, 2007）。

(二) 自殺危機

在個案自殺未遂之後，Shea（2002／2009）建議需要進行的有以下三大部分：(1) 評估：了解個案企圖自殺的當下發生了什麼，包括個案感受、想法及行為，了解個案採取的自殺方式，包括服藥的種類及劑量，以及企圖自殺後發生了什麼，包含誰發現的、是否有人送醫及陪同送醫；(2) 送醫程序：協助個案攜帶服用的藥物、安撫個案的情緒、聯絡家長及導師，與醫生談發現個案時的狀況，並說服讓個案住院；(3) 了解個案過去自殺形式；後續步驟包括找出個案的壓力源，讓其壓力下降等。

(三) 重大創傷

對經驗創傷個案，Hobfoll、Watson 與 Bell（2007）提出介入之五大原則：(1) 促進安全感：可減緩壓力事件後的生理過度激發，並改善其負向非理性信念；(2) 促進平靜穩定：降低可能蔓延至不同情境的創傷焦慮，避免症狀進一步發展為創傷後壓力症候群、焦慮、憂鬱等疾患；(3) 提升自我與集體效能感：透過想法、情緒、與行為的自我管理以提升自我與集體效能感；(4) 促進聯繫重要他人以提升社會支持：讓重要他人提供情緒

接納、告知災難因應之相關訊息等，以利問題獲得實際解決；(5) 灌輸希望：引導抱持正向觀點，開啓對未來之期待。

(四) 性侵危機

受性侵之個案容易感到憂鬱、對他人的不信任及產生認知偏誤等（王燦槐，2007；Foa & Rothbaum, 1998），陳若璋（2011）對此類個案之處遇提出之重點如下：(1) 展現對個案之信任與接納並給予安撫；(2) 了解其當前及未來是否有人身安全之疑慮；(3) 討論其情緒反應，如信任感之失落、被傷害的痛苦、對自己的憤怒；(4) 討論其對身體的、司法的擔心；(5) 使用延期式暴露（prolonged exposure, PE）討論事件的發生透過重複刺激創傷記憶以避免其逃避創傷情境之傾向，減低 PTSD 之發生；(6) 討論其未來計畫，包括：如何預防再次被性侵、如何交友等。

(五) 親密關係暴力危機

而當諮商員處遇親密關係暴力（intimate partner violence, IPV）相關個案時，國外學者 Elbogen（2002）建議關注四項要點：(1) 評估個案可能引發或面臨的暴力程度、(2) 協助受害個案評估目前的安全性、(3) 具體實施安全計畫（safety plan）以提高受害個案的安全、(4) 協助受害個案探索爲何其陷入此暴力關係。Dutton 和 Golant（1995）、Mossman（1995）、Kropp（2004）等學者認爲諮商員對暴力相對人的處理能力須包含：了解加害者的早期形成因素、其暴力背後的心理需求、了解暴力循環、增加內在控制、增加外在社會監督等。

三、理想中的處理流程及訓練：平日就需組好危機處理團隊

Gallagher 在 2001 年針對美國大學諮商中心主任的調查中，有 30% 的受試者表示過去一年在其服務的學校，至少發生一起學生自殺案件。因

此，單就校園自殺身亡案件的處理，就需要協助學生家長、導師、與該生有關係之師生，甚或媒體從業人員做明確的說明，因此，24 小時緊急專線的處理團隊，跨單位橫向聯繫的工作團隊是相當必要的。

　　然而 Allen 等人（2002）研究發現，雖然 91% 心理師表示所服務的學校有危機處理計畫，卻僅有 53% 的學校心理師會被納入校園團隊中。Smith 等人（2007）則指出，即使校園面臨越來越多嚴重個案，但僅 26% 心理師表示校園訂有明確的因應計畫，仍有 14% 的學校未有任何因應的作法。這些現象皆反映了學校處理危機問題時，低估潛在的風險、資源應用的不足或是專業能力不受重視等。以上現象提醒國內大學校園心理師危機處遇時，須重視對危險因子的辨識、評估及建構處遇團隊與處理流程。

　　以本人擔任過的東華大學諮商中心為例，本人曾協助該中心制訂之緊急（特殊）事件處理流程，簡述說明其目的流程如後：

　　危機管理團隊成立目標：隨時偵測發覺可能的危機、預防可能發生的危機、針對各種可能狀況擬定必要應變計畫、實施定期與不定期演習和操練。而其成員則包含校長、主任、教官、校安中心、諮商中心、教師、行政人員等。

　　一旦緊急事件發生：若是白天，由值班心理師出面處理緊急事件，在接觸到緊急／危機個案時，首先先需安撫個案及評估危險等級，並決定需做何種的處理；在判斷情況後，若需其他人員支援，有時是須知會中心的另一諮商員，請其共同聯合處理此個案，第二位諮商員在未來亦有可能會擔任該個案的個管員；甚至值班心理師根據情況判斷，認為還需緊急聯絡校安人員及該生的導師（通常導師代表是該生在校園的監護人）；必要時仍需請導師盡速聯絡家長。若在晚上諮商中心已關閉時，學生或教職員生可致電諮商中心緊急手機，而值機的同仁必須釐清此為新個案或舊個案，

若是舊個案則聯繫其原先諮商員商討輔導策略，再回覆個案。若需出勤處理，除了兩位諮商員同行外，有時也必須邀請校安人員或校警一起出勤支援、協助處理；在團隊處理時，有時更發現此個案需一段時間的支持與處理，則中心會在隔天或鄰近的週一上午例會時，組成工作團隊。

團隊人員：通常團隊包括專任諮商員、個案管理員、組長、主任外，有時亦有兼任心理師、精神科醫師參與，一起討論並提供專業的意見；若此個案為長期個案，亦可能知會校內其他單位，包含生輔組、導師與系所共同合作，以期能使緊急事件發生後的影響降到最小。

是故，在校園危機發生時，諮商中心除了有其專業上的工作（校園危機的處理與事後的處置）、行政上的工作（支持專、兼任諮商師在處遇過程中所需的資源和重新分派任務）外，仍需積極的邀集導師、系所主任、學務處同仁及輔導之校安人員參與個案討論，以聽取專業督導及各方意見，並且在事後對學生、同學、家長及導師等，做後續的關懷及追蹤。

綜合而言，校園有效處理危機個案須建基於：

1. **緊急事件應立即反應**。值班人員一旦接到緊急事件，隨時啟動緊急事件處理流程。

2. **團隊合作**。團隊應採 2～3 人小組合作，在緊急事件發生時，一定是兩人以上同行，再由校安人員或校警陪同出勤處理。

3. 緊急事件處理團隊人員的基本建構：第一層級危機處理人員：值班心理師、諮商員、個管員；第二層級：組長、督導；第三層級：主任、定期督導或召開緊急個案討論會；第四層級：校內橫向聯繫 —— 學務處生輔組（校安人員、學務長）、導師／系主任、校內其他人員。

4. **分層督導**。此團隊在緊急事件啟動時，在諮商中心，先由第一層次處理人員向組長報告，與成員討論並判斷事件處理原則。若危機持

續擴大，再向主任報告討論。分層督導，可節省人力與時間。

5. **校內合作單位需緊密合作**。在緊急事件處理流程中，學務處、系所、系上同學、導師及家長都扮演重要角色。整體團隊間需保持聯繫，共同維護同學福祉。也須及早釐清各單位的角色並通力合作。

6. **即時討論最新進展，團隊間隨時保持聯絡**。在緊急事件發生後，中心內部將即時討論報告最新進展，成員間彼此保持高度默契，可隨時補位。

7. **精神科醫師駐診，可供諮詢**。諮商中心平日應聘有精神科醫師駐診，除提供不願就醫的同學諮詢外，亦可與中心專任人員交流專業。

　　通常在這過程中，主責之諮商人員會需要填寫緊急事件處理表單及處理紀錄（見前述之附件十），並不定期的召開個案討論會並填寫個案研討提案摘要表。（見附件十八）

❖第三章　完備的危機評估是順暢進行危機流程的開始

　　一旦諮商員接觸危機個案，首先須做危險評估並辨識其問題性質及嚴重度，以便連接後續需處理的流程與步驟；評估可分為一般性的評估，以及依危機的不同型態，而使用不同的工具，進行評估。

一、一般性評估

　　在評估個案之情況時，Shea（2002／2006）建議可使用下列六個策略：

1. 對個案的具體行為事實或想法提出問題：可以是直接探問特定的行為細節，如「你吞了幾顆藥？」或透過開放式詢問，讓事件重現，如「做什麼？」、「想什麼？」、「有什麼感受？」等，可揭開其隱

藏性訊息。

2. 以非論斷方式，詢問個案問題：個案可能因羞愧和罪惡而遲疑或避而不談問題，如「有時候在這樣的情況下，會讓人想……，你有發生這樣的情形嗎？」，此詢問方式能使個案透露較多訊息。

3. 透過溫和、不帶評價的語調對個案進行提問：使個案感覺安全而願意多說一些。

4. 透過擴大症狀與誇大問題次數或數量避免案主的扭曲機制取得實際資訊：如「你曾和他人打過幾次架？25 次？40 次？50 次？」、「你每天花多少時間在自殺的想法上？50%？80%？90%？」透過將設定的數值次數誇大，好淡化問題的嚴重性時，能避免案主的扭曲機制，使案主較易透露實情。

5. 特定問題的探索：透過一連串特定可能的假設，刺激個案的記憶，如「你是否曾想要從橋上跳下？」、「你是否曾想要用一氧化碳自殺？」、「你是否想要服過量的藥？」、「你是否想要吊死自己？」，有助於過濾訊息，發展出有意義的詢問。

6. 常態化：幫助個案增加普同感，降低案主焦慮，如「有些人極度焦慮時，他們思考會變得混亂，甚至覺得自己有幻聽，你有這樣的經驗嗎？」、「當人們真的很生氣時，他們會說一些話，事後又感到後悔，這常發生在你身上嗎？」透過類似的詢問，可取得個案更多的相關資訊。

總之，危險評估的基本原則在於：要理解個案產生危機是在哪裡（Where）？、何時最容易產生危機（When）？是什麼樣的特質者易產生類似危機（Who）？他有欲傷害的對象嗎（Whom）？他產生的危機的傷害方式為何（How）？他產生危機的頻率有多頻繁（Frequency）？

二、各類型危機個案依其性質需使用不同的評估工具

限於篇幅之故，以下僅簡略介紹各類型危機最常用之評估工具。

(一) 精神疾病評估

當前有兩個主要分類系統，一為世界衛生組織所發展的疾病傷害與死因的國際分類（International Statistical Classification of Diseases and Related Health Problems, ICD）；二為美國精神醫學會所發布的精神疾病診斷準則手冊（The Diagnostic and Statistical Manual of Mental Disorders, DSM-5），後者為國內心理師多使用之診斷依據。另外由柯永河、張小鳳（1999）發展之健康性格習慣量表（HPH）亦能協助評估精神病、精神官能症、性格違常三大類心理疾患。正負性症狀量表（The Positive and Negative Syndrome Scale, PANSS）多用作為精神分裂症之適切評估工具（White, Harvey, Opler, & Lindenmayer, 1997）。

(二) 自殺評估

Granello（2010）提出自殺評估的 12 大原則，(1) 每個個案的自殺評估都不一樣；(2) 複雜且挑戰性；(3) 持續的過程；(4) 謹慎；(5) 合作性；(6) 臨床評估；(7) 整合性的評估；(8) 詢問較艱難的問題；(9) 也是種治療；(10) 將隱藏訊息檯面化；(11) 考量個案的背景與文化因素；(12) 作記錄。而自殺評估的晤談先從建立關係開始，先從比較一般性沒有且沒有太多衝擊性的問題問起，然後再聚焦到特定的自殺問題上，因此自殺危機諮商的目標如下：(1) 透過減低心理痛苦，增加個案被支持的感受來達成降低自殺意念。(2) 了解個案自殺導火線，減少壓力增加資源，並評估加入其他人員做為正向資源的可能性。(3) 擴大個案內在彈性、痛苦忍受度，扭轉個案兩極化的想法。(4) 從控制症狀（自殺監控）到管理症狀，最後再到改變症狀（提高生活功能）。(5) 鼓勵個案承諾你一定時間內不自殺，約定

下次晤談時間。

(三) 重大創傷評估

　　經驗重大創傷之個案多會產生創傷後壓力症候群（PTSD）之症狀，創傷後心理症狀指標量表（Posttraumatic Stress Reaction Index, PTSRI）為一依其症狀所編製而成之工具，其評估內容包含：生理過度激發、侵入性及麻木性症狀，同時將一般壓力相關之生理心理反應如焦慮、憂鬱、身心失調等納入考量（Chen, Hung, Lin, & Tseng, 2002）。

(四) 性侵評估

　　Ruch（1994）以 172 受訪者資料建構性侵症狀量表 II（The Sexual Assault Symptom Scale II, SASS-II），被視為對受性侵者之最佳評估工具；針對此評估，王燦槐（2007）修訂 SASS-II，分為兩個量表：一般創傷與 PTSD。前者含六個因子：(1) 害怕安全、(2) 憂鬱、(3) 擔心健康、(4) 害怕司法、(5) 罪惡感、(6) 不信任感；後者包含兩個因子：(1) 情緒侵入、(2) 麻木遺忘。

(五) 暴力評估

　　評估暴力時，個案若有可能為加害者，Kropp（2004）建議應收集的資訊應有：誰是受害者（who）、在何時（when）、何地（where）容易引發暴力行為，及引發暴力行為之事件（how）等；若為可能受害者之個案，收集的資訊則應包括：加害者是誰、在何時何地易遭受到暴力行為、暴力行為的形式等。

　　合宜地運用嚴謹編製的評估工具，諮商員可以就當事人的反應及關鍵指標的臨床意義，與其討論及採取必要的處理策略，以降低風險。

❖第四章　研究顯示目前臺灣校園在處理危機個案時的缺失

一、諮商員在處理危機個案時，多不熟悉評估工具

研究顯示大學校園諮商員在評估各類危機個案時，反映出的一些狀態：

(一) 評估精神疾患個案：諮商員多用 DSM IV-TR（72.5%）、健康、性格、習慣量表（HPH）（19.3%）、心理狀態檢核（MSE）（18.1%）。以上資料反映在評估精神疾患個案，多數諮商員僅會透過 DSM 系統為評估依據（目前為 DSM-5），但不熟悉其他相關臨床工具的使用。

(二) 評估自殺、自傷個案：諮商員多用貝克憂鬱量表（BDI）（45.6%、50.9%）、DSM IV-TR（38.0%、33.9%）、貝克絕望感量表（BHS）（32.2%、29.2%）。

(三) 經歷重大創傷個案：諮商員多用 PTSRI（46.8%）、DSM IV-TR（33.9%）、BDI（22.2%）。

(四) 遭受性侵、性騷個案：近四成諮商員（40.4%）不會使用任何評估工具，而使用「性侵、性騷擾經驗量表」為 28.1%、PTSRI 為 22.8%。

(五) 性侵、性騷擾他人個案：四成（40.4%）諮商員不會使用任何評估工具，而使用 DSM IV-TR 為 30.4%、基本人格量表（BPI）為 16.4%。

(六) 遭受暴力傷害個案：近四成（36.8%）不會使用任何評估工具，而使用 PTSRI 為 24.6%、使用 DSM IV-TR 為 19.3%。

(七) 暴力傷害他人個案：仍用 DSM IV-TR 為 35.7%、近四成（34.5%）不會使用任何評估工具、使用 BPI 為 21.1%。

上述資料顯示，除評估精神疾患個案時，有七成諮商員會使用 DSM 系統外，其餘危機個案評估工具之使用率皆不到 50%，逾 60% 諮商員不

熟悉臨床實務常使用之正負性症狀量表（PANSS），逾四成諮商員在處理性騷擾或性侵個案時，不會使用任何的評估工具；同樣的近四成諮商員在處理親密關係暴力時，不會使用任何評估量表。反映出諮商員面對性侵、性騷及暴力相關之個案較不會使用工具作為評估依據。

二、諮商員處理危機時，多以「傾聽」優先，較少立即進行「危險評估」，並常忽略「送醫」及「聯絡重要他人」之急迫性

　　研究結果顯示，諮商員處理危機個案多以「傾聽並了解個案敘述其問題及需求」為主要作法，而「安撫當事人情緒」則是面對經歷重大創傷、遭受性侵或性騷擾及受暴力攻擊等個案時，會列為優先作法。而「危險評估」、「簽訂契約」、「提出保密例外的限制」等，則是之後會採取的第二項行動。

　　對於精神疾患，僅有 15.3% 諮商員會在剛開始即進行「危險評估」，及僅 7.3% 諮商員會「緊急送醫並與醫護人員溝通」，同時也僅有 10% 會「聯絡家長」，11.5% 會「聯絡導師」，沒有人（0%）會「聯絡學務處」；至於對企圖自殺或自傷之同學，僅有 19.7% 及 11.4% 諮商員會在開始即進行「危險評估」，也沒有（0% 及 0%）諮商員會「緊急送醫並與醫護人員溝通」，0% 諮商員會「聯絡家長」、「導師」及「學務處」。至於遭受暴力攻擊僅有 10.2% 諮商員會在剛開始即進行「危險評估」，在第二作法中，「聯絡醫療及警察單位」的也僅有 7.6%。

　　從上述資料顯示，多數諮商員未了解危機個案處遇的 SOP，雖傾聽並了解個案敘述及問題是極重要也是首要需做的事情，但若僅僅是「傾聽」仍不足以解除這些危機個案所產生的問題，因此，仍需進展到「評估」及「行動」二項重要步驟，以上現象值得學校行政和教學訓練單位反思重視。為進一步了解諮商員處理各類危機案件時的流程，研究者詢問接

受質性研究之受訪者其處理危機個案的經驗與作法，發現與上述量化結果相似，多以傾聽了解個案敘述、安撫當事人情緒爲優先的作法，但也常僅止於此，而未採取行動深入處理。

三、多數學校未制定危機等級及SOP處理流程

臺灣的醫院爲服務緊急傷患，通常在急診室會實施五級之「檢傷分類」，醫師據病患的主訴、疾病史、疾病的嚴重度及迫切性等主客觀資訊，正確地分辨出病情的嚴重度，安排診序及妥適的醫療處置。然而，同屬醫事法規管理之大學諮商中心業務，多未將緊急個案分類、分等級，訂定有清楚明確的處理流程。僅受訪者 D 提到其服務單位在個案管理方面，訂有明確的 SOP，其 SOP 爲：先評估學生的問題「是否爲危機事件」、「問題在可控制之下」、「個案需要諮商員介入」、「近期可能會發生危險」、「正在進行危險行爲」等五個層級，依序處理學生之危機。他提到：

「一是沒有危機的訊息，二就是有危機訊息出現，但個案仍有自我控制反應當中，那三的部分是個案已經有部分無法自我管理或控制了，需要介入，那四的話是近期之內可能發生危機行爲，五的話就是 ing，正在進行中。」（D170）

其他七位受訪者表示在處理危機個案時，除安撫情緒外，未能有穩定一致的處理流程，但有一位受訪者表示會向上級主管報告、通知教官協助或聯絡家長，先建立支援的網絡：

「我是先通報校安，那邊有一個在做一級處遇的方式，協同教官、我、導師會做這部分的第一線，然後勸下來後會先談，先了解狀態、蒐集資料，旁邊會希望教官去做了解，問同學、問家長、或問課任老師。」（F170）

四、各校及諮商員對危機類型之分辨、處置、步驟皆有待加強

以上資料皆顯示，不論何種危機類型，諮商員在會談中皆以了解問題的發生原因及提供情緒支持為處遇的基本原則，未能就不同危機類型的特殊性質、可能的危險、對個案的安全保護等細節，做適切的分辨、評估及安置處遇，再依各校所訂校園危機事件處理流程進行通報與安置等作業。顯見許多學校之諮商員在處理危機個案時，未符合各類危機處理之標準流程。至於每個類型危機處理的標準流程將會在後續章節提及。

五、研究反映出之校園體系橫向聯繫之流弊

研究顯示，諮商員認為危機事件處理過程中，最困難之前五項橫向聯繫為：校內其他單位不了解諮商專業之保密限制（77.2%）、不清楚諮商專業角色與業務（74.9%）、校內單位之責任劃分不清（67.8%）、將責任完全交由諮商中心處理（67.3%），在溝通協調時個人需承受的身心壓力（53.2%）。

校內其他單位不了解諮商員的角色及業務，同時過分要求諮商員承擔重任，為校園內普遍的現象，八位受訪者分享更具體之內容整理如下：

(一) 相關人員的推託，心理師須完全承擔個案處遇的責任

未受諮商專業訓練之相關人員，常因己身非受專業諮商訓練而不願介入處置，或明褒暗貶或過度依賴心理專業人員之行動，使心理師深感壓力。

「他們的恐懼是在於說他們不是專業的人員，沒有受過這方面的訓練，所以他們一股腦就會想要丟給我們 ……。」（B190）

「我說我不會的時候，還會被主管說你不要忘了自己是有高考及格的諮商心理師證照的人，你不能不會 ……。」（C029）

(二)缺少危機處理觀念的上司，無法領導或配合通報系統執行

　　六位受訪者提到所屬之諮商中心主任並非心理相關專業背景，且無受過危機處理訓練，在處理危機事件時，較不能提供受訪者確切幫助，危機無法順利通報處理，以致心理師背負所有風險與責任，壓力倍增，受訪者提到一個自殺自傷的案例，其上司拒絕召開說明會議。

　　「應該是長官在指示我們做，可是通常不是這樣子的，因為我們一直以來都是非（心理相關）專業的（主任）」（G038）

(三)有些諮商師未具系統觀，難以配合學校體系

　　有些專、兼任諮商員會侷限倫理規範，過於強調保密、忠誠、免受傷害等原則，而忽略不進行通報會產生的危險，未了解在學校系統中進行通報或橫向聯繫之重要性；此外，心理師的專業訓練較缺乏行政系統間的溝通，進入學校體系後也需一段時間適應學校行政模式，致使新進或兼任諮商師不熟悉體系運作或在校服務時間較短而難以配合。

　　「因為我們被訓練的課程會比較像是在諮商室裡面的技巧，比較多都是關於諮商室內 …… 譬如說對個案怎麼評估 …… 要用什麼學派之類的。（A114）…… 系統性來教確實是比較少的。」（A178）

　　「最困難的就是專業的溝通，那如果這個心理師效能沒有這麼高的時候，甚至有一些倫理的議題時，尤其是兼任跟專任的溝通這部分。」（A042）

　　「兼任心理師他們來了就走，他們不懂這個系統。」（D183）

　　學校為穩定多數學生之學習，相關單位要求諮商中心合作且配合學校系統，然處理危機個案常無法由諮商中心獨立完成，當需與其他校內單位

配合時，常會因爲相關人員的推託或諮商師本身缺乏系統合作之概念，造成橫向聯繫困難。

六、研究顯示之大專院校危機個案通報時的倫理議題

研究顯示，諮商員接觸危機個案時：當案主遭受性侵／性騷擾（94.2%）、考量個案安全（88.3%）、案主意圖對他人身體／財務攻擊等狀況下（80.1%），多數諮商員會進行通報；而校內校安中心（84.2%）、導師（70.2%）、生輔組或輔導教官（65.5%）等爲主要之通報對象。但諮商員認爲在：案主要求不要通報（84.2%）、強制通報與尊重個案自主性之衝突（69.0%）、考量保密限制（50.3%）等三種狀況下，最讓其困擾是否要進行通報。

上述資料反映：諮商員如遇法令有明確規範之情事，如性侵、性騷擾、個案生命安全時，會進行通報；而對象則爲學校權責單位及與個案生活密切關聯之家長與導師。深度訪談諮商員所談及之通報困難，整理如下：

(一) 危機案件是否須通報之定義模糊，且通報 SOP 流程形同虛設

當校園裡發生意外傷亡、性侵事件時，諮商員能依據校園事件通報管理系統實施要點、性平法等明確通報流程資訊進行通報；但對嚴重精神／心理困擾之個案及特殊案件，如藥物濫用、暴力、疑似性騷擾等案例，因未有明確定義或規定，致使通報系統難以啓動及徹底執行。

「三級毒品在沒有觸犯特別的刑責（時就）沒有清楚明確的通報流程。」（A020）

「暴力的，他們（校安人員）是比較沒有概念要去通報的。」（B155）

「不僅是暴力，所有的通報系統其實是模糊的。」（F176）

「教育部要求只要『疑似』性騷擾就要通報，那什麼叫疑似？」（G137）

(二) 校內單位分工不明確與校內危機處理人員消極配合，以致通報後無法產生團隊力量

多數通報流程並無明確指示各校單位階層的運作管理方式，同時大多之大專院校並未明定危機處理責任歸屬單位，致各單位互相推諉，無法順利發揮團隊分工，且相關人員任事態度，常影響危機處理系統運作品質，因此常因個案、同事、教官、系上導師阻礙及家長消極行事或重視度不足，使通報效能驟降。如上述自殺自傷案例二，受訪者之主管不願意揭露危機事件而干擾通報流程。

「這個辦法在我們學校訂出來之後就形同虛設，因為大家覺得訂出來那是你要做的 …… 其他單位會覺得不需要配合，訂出來又做不好。」（B155）

「帶他去醫院打鎮定劑 …… 誰帶去？…… 教官居然說他們要值班很忙（不願去）。」（B105）

「系上的聯絡有時候比較會被排斥，還有家長，我就會先聯絡系助理。」（H063）

(三) 欠缺通報控管與考核，致後續介入困難

通報過程無專人負責監督，各單位接獲通報後的處理無從了解，未能進行追蹤，通報猶如胎死腹中，影響危機處理效能。

「我覺得架構是有訂出來，但是在做的時候都做不到 …… 我們連通報都不是做得很好了，那後面這些介入通常都是有困難的。」（B156）

「（SOP）大概都有被建立 …… 可是我覺得就是一樣，有沒有人真的去執行，或是有沒有行政督導 …… 會去追那個進度。」（E223）

(四) 強制送醫程序繁複，延誤處理時機

目前精神衛生法規定需經過專業人員評估及本人同意，才可將個案強制送醫；但諮商員在危機中常礙於個案意願或專業人員無法即時在場，延誤處理流程，如下面章節會敘述的精神疾病類型之案例一或自殺自傷危機類型之案例一情形，送醫過程皆受新精神衛生法阻礙。

「救護車來，說沒有警察跟鄰里長我們不能夠抬她 …… 就是說不行 …… 她（指個案）要自己走出去，她怎麼可能自己走出去，她已經拒絕，還反鎖（自己）。」（C074）

❖ 第五章　總結

當前大學校園諮商中心若欲進行三級預防時，首先需要了解該大學校園危機個案之樣態，針對其樣態，而發展出諮商中心危機獨特的處理能力、方式及流程，並在每件校園危機事件中，學習、反省及修正危機個案處遇模式。

從本人的研究資料中發現，在 171 名諮商中心任職之實務工作者中，僅 12 位研究參與者未曾處理危機個案，即 98% 的諮商員皆處理過危機個案；總計過去兩年（民國 98～100 年間）內曾處理過之危機案件數為 2072 件（男性個案為 873 件，女性為 1199 件），平均每位諮商員在兩年內處理 12.12 件（2072 / 171）。危機個案以女性居多，惟男性個案出現的危機問題常較為嚴重，如自殺身亡。

研究同時反映出臺灣大專院校危機個案的一些基本型態，如：其類型呈現多樣性，但多集中在精神疾病發病、自殺自傷、遭受性侵 / 騷擾、暴力傷害他人等類型上；在以上的這些類型中，精神疾病發病及暴力傷害他

人，以男性個案多於女性個案；而自殺自傷、遭受性侵／騷擾、親密關係暴力則以女性個案多於男性個案，這些危機個案的多樣性，及產生的龐大工作量，也考驗諮商員們是否已準備足夠的知識與因應能力，特別是精神醫學的知識與應用，都是諮商中心諮商員們目前所面臨的嚴重問題。

　　同時，從本人的研究資料中，也反映出諮商中心的諮商員並未適當使用評估工具，因而在在學／實習教育中，該如何加強諮商員的評估工具及心理衡鑑的能力，也是未來需加強的訓練項目之一。

　　但從研究中顯示，較嚴重的問題在於諮商員並未意識到不同類型危機個案應有不同的優先處理順序；同時有些危機個案，需立即向其他單位通報，為危機處遇之重要步驟，但部分校園卻未有明確的通報流程及規範，造成通報之困境，也可能造成嚴重的人身安全問題；因此學校諮商中心應重視危機處理機制，並演練以發展有效分工系統，並主動參與制定危機個案處理及通報標準流程。

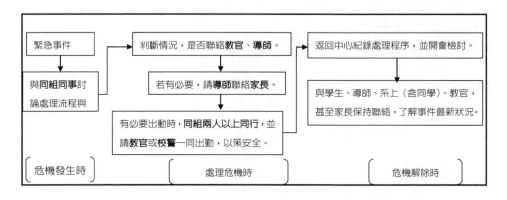

圖十三　三級預防架構下的三級預防工作運作

心理諮商輔導中心緊急個案討論會議（範例）

日期：X 年 X 月 X 日

緊急個案討論會議紀錄

紀錄：心理師 XXX

一、開會目的：協調曾因企圖自殺個案而住院同學出院後的持續照護

二、諮商中心與個案接觸經驗：

　　4. 各單位如何一起協助個案。

　　(1) 服藥部分：煩請健康中心護士協助及監督個案服藥。

　　(2) 個案出現情緒不穩，自傷意念時，主動（或同學）立刻告知導師、家長、生輔組、諮商中心、社團同學

　　(3) 24 小時守護網

　　　* 諮商中心

　　　　諮商中心完全尊重家長對案主的安排，只要是未休學在校期間，諮商中心會盡力協調各處室及相關單位來協助案主。

　　　* 社團

　　　　X 同學和 X 同學及 X 老師提供協助。

　　　* X 系

　　　　請 X 系主任提供緊急情況時，可輪流照顧個案的同學名單及手機給諮商中心。

　　　* 家長

　　　　打電話給個案，關心個案狀況。

　　　　請家長與 X 醫院醫師聯繫，確認個案出院時間為春假結束後，以防個案出院無人照應。

三、建議及討論

四、散會

第八篇　精神疾病之危機個案案例與處理

第一章　思覺失調症引發之危機個案

　　精神疾病個案爲大學校園最常見之危機案件，從陳等研究（民國101）中，數位接受訪談之諮商員都提到當同學在精神疾病急性發作時，都帶給諮商員許多困擾，以下陳列兩個受訪者提及之案例，及兩個本人親身處理的案例。

一、樣態

案例一

　　個案爲女性，在大學期間反覆發作，症狀主要爲暈眩、整個人攤在地上，產生幻聽、幻視，處在要解離狀態，但因個案體型較爲龐大（體重一百多公斤），受訪者要通知案母，又要協助搬動或通知醫護單位送醫。但因案母缺乏心理衛生知識，相當排斥送個案接受精神科醫師治療，後經反覆說服後才同意就醫治療。

案例二

　　男性個案，常發生在校園中翻垃圾桶、無目標的遊走等情形。雖然其父親爲便於照顧其生活而同住宿舍，但仍未能時時盯緊個案，一旦個案發生脫序行爲，學校各單位即疲於奔命尋找及規勸。經不斷溝通，其父才同意讓個案回家就醫治療。

以下是本人所接觸到、即使經數年後，仍印象深刻的案例：

案例三

男性個案，某日上午赴城區租借了 500 元的燕尾服並手捧花束，進入正在上課之他系教室，向其中一位女同學，跪地求婚，全班及講堂授課的老師皆是一陣錯愕，而其求婚的對象更是驚恐不已；但此同學不斷喃喃自語說，所有電台、音波都告知他今日需向不熟悉的女同學求婚，音波同時告知，女同學心儀於他只是不好意思表白，最後授課的老師必須強力的將此同學請離教室，並知會男性個案之系所。

案例四

女性個案，進入諮商中心，接待員立即意識到該名女同學衣衫不整，語無倫次，並無法說明赴諮商中心的目的，但此同學提及今早有聲音要她拿刀子割其大腿動脈，接待員懷疑此同學正瀕臨精神疾病發作的狀況，因而立即知會剛好在中心工作的本人。

二、評估原則及評估工具

如案例三，當諮商員接觸個案時，應先詢問個案聽到電台及音波告知需向女同學求婚的時間已有多久？音波是如何透過大腦告知其應進行之事？何時這些妄聽妄念最干擾他？頻率為何？當個案回答，音波的干擾已達兩星期時，晚上最為干擾，使其無法入眠，音波要求其向女同學求婚，個案並未覺開心，甚至覺得很痛苦。在此諮商員應委婉的詢問，這種現象過去有發生過嗎？個案回答：三年前的高中發生過，並曾赴精神專科醫院確診為「思覺失調症」。諮商員應繼續詢問其藥物史，個案回答已停藥半年，此時諮商員以 PANSS 評估，發現案主呈現明顯「正性症狀」符合

DSM 系統「思覺失調症」診斷標準。

　　以案例四爲例，諮商員詢問，此女同學想切割自己的幻聽有多久了？一天之內何時幻聽出現的頻率最多？帶給她的感受爲何？她是否亦是也意識到自己生病了？個案的回答爲：幻聽已有兩星期之久了，上午最爲干擾，最近也無法入眠，經常不想上課及上學，會逃避人群，非常痛苦，甚至很想自殺了結。諮商員仍需詢問個案如何因應這種痛苦的情況，同時詢問其人際資源（如：誰照顧她）。同樣的諮商員以 PANSS 評估時，發現案主出現明顯「負性症狀」，也同樣以 DSM 系統而確診她爲思覺失調症。

　　綜合上述，在思覺失調症急性發病時，諮商員的常用評估工具及流程爲：

(一) 常用評估工具

1. ICD。
2. DSM-5。
3. 柯永河、張小鳳（1999）的健康性格習慣量表（HPH）。
4. 正負性症狀量表（PANSS）。

(二) 評估流程

1. 先穩定個案情緒，支持同理他感受。
2. 詢問其是否有具體危害自己的行爲？若有，爲何（如：案例四的切割自己大腿）。
3. 詢問何時開始有徵兆、發展病程及其症狀（如：幻聽、妄想）如何干擾個案，一日間何時的頻率最高？
4. 詢問其就醫史及服藥狀況。
5. 探索目前的人際支持及可能的照護家屬或重要他人爲何？誰支持／排拒個案。
6. 詢問其病識感與定向感、意識、認知狀態、語言理解、思考流暢度。

三、臨床現象與診斷

以上的四個案例，在評估後，皆被診斷爲思覺失調症。其主要症狀通常可分爲兩類：

(一) 正性症狀：病人可能會出現妄想、幻覺、混亂的語言或行爲。

(二) 負性症狀：病人會減少情感表達或動機低下，如：無法經驗歡愉感、情緒遲鈍、社交意願低、冷漠、動機低、話量少。

四、病理因素

(一) 生物性因素

1. 遺傳／基因觀點：思覺失調症與遺傳間有很強的關聯性，同卵雙胞胎同時罹患的機率大約是 44.3%，異卵則是 12.08%。父母皆有思覺失調症的孩子患病的機率爲與父母皆無此症者的六倍。最新研究發現，思覺失調症與以下四種基因有關：DTNBP1、NGR1、COMT 及 BDNF。

2. 生化觀點：神經遺傳相關主要有「多巴胺（dopamine）理論」與「麩胺酸（glutamate）理論」，不同理論提到其神經傳導物質在不同大腦區域的濃度造成思覺失調之正負性症狀之機轉。壓力相關「HPA軸」爲長期性面對壓力的生理反應系統，它調節內分泌、免疫系統、情緒等會增強多巴胺的功效，然而如持續太久會耗盡多巴胺，且對壓力更敏感。

(二) 心理社會因素

不良家庭親子互動可能提高思覺失調發病的機率，如：雙親互動差、錯誤的溝通方式以及高情緒表露家庭（High Emotional Expression）。高情緒表達，指家人對孩子經常性使用批評性言論、敵意、且會情緒過度涉入，思覺失調症的家庭成員情緒表露可能特別強烈，但此種狀況的溝通問題似

乎也會逐漸成為雙向的，而在高情緒表露的家庭中個案也容易復發此疾患。

(三) 社會文化因素——兩假說

1. 社會起因假說：患者較不易完成學業、不易找到好工作好機會，易停留在低社經地位，發病時也不易獲得救助。

2. 社交選擇假說：是指其發病後落入低社經，進入惡性循環歷程。

(四) 壓力素質說

　　此學說探討基因及環境互動的模式，認為先天體質（疾病素質）及環境或生活事件（壓力）兩者間有交互作用，然具有疾病素質，並「不保證」該疾病「一定」會發生。此理論中的壓力包括重大創傷、人際關係變化或生活環境改變等，皆可能將疾病素質觸發為真實的疾病；一段時間後，在生理和心理的交互作用下，個體可能開始出現發病的徵兆。以上資訊，參考《變態心理學》二版（p.93），而加以編輯整理。

五、一般處理原則及中長期治療方向

(一) 一般處理原則

1. 了解目前疾病發作狀況。

2. 說服個案就醫。

3. 協助送醫，與醫師討論目前疾病狀況。

4. 知會相關人員：聯絡家長、導師校安人員等。

5. 確認個管員、諮商員及行政／資源教室人員角色。

6. 對個案衛教，強調服藥的重要性並勸導其住院治療。

(二) 住院期間，通常醫院會施以個別治療：目前較採用階段性的、非心理動力取向的方式，來引導病患學習管理其情緒與壓力及因應技巧，較常使用認知治療：Cognitive enhancement therapy（CET）、CBT 及 basic cognitive function、認知修復等技術。

(三) 團體治療：會鼓勵個案參與短期團體治療，一方面使個案得到情緒支持，另方面加強問題解決能力，並訓練社交技術。

(四) 可能併行家庭治療：對家屬教導個案疾病復發風險的即時發現，找出情緒表露的實例，以及教導家庭成員如何控制或避免過度的情緒表露，同時衛教家屬病理相關知識、減少指責、改善溝通、問題解決。

(五) 個案並被鼓勵參與職能治療等，治療性社區（therapeutic community）的一些活動。

綜合而言，短期有效之治療方式以服用抗精神病藥物為主。中長期治療處遇目標包含：(1) 減少住院頻率，治療方法包危機管理、密集個案管理、照護者復發因子辨識訓練；(2) 改善社交功能減低復發，包括：社交技巧訓練（訓練有效的社交行為）、認知治療（辨識和挑戰妄想信念）、心理教育、家庭介入及支持團體（改善溝通、減少過度情感表達）。

六、學校之行政處理及諮商中心的團隊處理

個案返校後，諮商中心應以團隊合作的方式來協助此個案的復原，並防止復發。首先諮商中心應盡速展開個案研討會議，會議人員要包括：

1. 個案的家屬或重要他人。
2. 系所導師主任。
3. 親近的同學。
4. 宿舍舍監。
5. 生輔組／健康中心的護理師。
6. 精神科醫師。

上述人員，共同參與討論以下議題：

1. 加強個案／家屬病識感，穩定其就醫狀況，了解必要時定期回診取藥之重要性。

2. 加強個案的服藥遵從性，包括藥物之服用與管理，協調督導服藥的人員。

3. 協助個案固定接受諮商中心晤談，加強其在學的衝突或壓力事件的因應能力。

4. 建立照護支持體系：其支持系統如何輪班照顧（包括照護、支持之時間安排）。

5. 協助個案積極參與系所或諮商中心活動，減少其孤立時間，增加其社交技巧，控制其幻聽、妄想帶來之危險行為。

小結：

　　思覺失調症同學的照護，並非每週安排一次諮商晤談就能解決；由於藥物治療是控制病情的要件，而「思覺失調症」患者又常對定期服藥產生阻抗，因此以團隊方式提高其固定就醫、定期服藥的習慣，就變得極其重要。雖然定期諮商可有效修正其幻聽、妄想帶來的認知扭曲，但擴及其重要家屬、他人至治療團隊亦可減低家人間過度的情緒表露而惡化其症狀；而涵蓋系所老師、同學進入支持體系，亦可減低諮商中心專責諮商員、個管員的負擔而避免耗竭；別忘了「思覺失調症」同學的照護，可能不是一學期，一年而已，很多時候可能是多年的長期照護喔！

❖第二章　情感性疾患及自殺企圖的危機個案

　　憂鬱（depression）與躁狂（mania）是情感性疾患中，兩種最主要的情緒。憂鬱情緒：包含了異常的悲傷與沮喪感。躁狂情緒：則是經驗強烈且不符現實的興奮與欣快感。而雙極型疾患（bipolar disorder）的患者，則會週期性的經驗躁狂與憂鬱發作，通常一陣躁狂、一陣憂鬱。有些個案只經驗強烈憂鬱或躁狂狀況，但也有些會經驗週期性的憂鬱和週期性的躁

狂。患有這三種類型的同學都有可能會到諮商中心尋求協助，但也多是由系所老師同學覺得個案不對勁而轉介至諮商中心。

躁症案例

一、樣態

案例一

男同學，自稱最適合擔任警衛室的警衛工作，並自誇其工作能力足以勝任警衛室隊長且經常自發性到警衛室，不停指揮其他工作人員、說冷笑話，使得警衛室同仁不堪其擾，報告其系所，由系所轉介至諮商中心。

案例二

男同學，不停兜售電腦給導師，在實驗室砸毀器物並砸傷同學，系裡導師不堪其擾，轉介到諮商中心，躁症發作時每天走訪諮商中心，不斷在諮商師辦公室走動，甚至告知諮商中心的個案，他才是最好的諮商師。諮商主任接著被社區電腦公司告知，該個案代表諮商中心向電腦公司訂購50台電腦。

二、一般評估原則及常用評估工具

(一) 評估應收集之資料

1. 疾病歷程：何時開始有徵兆、發展歷程、情緒狀態變化。
2. 了解疾病家族史，家人中是否有人罹患躁鬱症者，而此家屬成員是否有就醫紀錄。
3. 了解其就醫史、用藥史，是否有穩定就診服藥。
4. 自殺及暴力行為史：是否有自殺自傷行為，過去有無暴力攻擊的行為。

5. 家庭關係及社會支持系統。

(二)評估工具

1. 貝克憂鬱量表（BDI）。

2. 貝克絕望感量表（BHS）。

3. 貝克焦慮量表（BAI）。

三、臨床現象與診斷

情緒高昂、自尊膨脹或過分自誇、話量多、意念飛躍、睡眠需求少、目標導向活動多，衝動行為，有時會危及自己及他人等。

四、病理因素

(一) 遺傳因素高：同卵雙胞胎的同發率（67%），遺傳率能達 90%。

(二) 生化：神經傳導物質（躁狂）：正腎上腺高 vs. 血清素低，多巴胺高，抗精神病劑之所以有助於降低躁狂症，是因藥物會降低多巴胺濃度。

(三) 高鈉可能在神經傳遞上出問題（鋰可以代替鈉），鋰鹽是治療雙極性疾患最有效之治療，鋰與鈉的化學結構有高度相關，而鈉在神經軸上神經衝動的傳遞，扮演重要的角色。鋰鹽具有療效的可能解釋之一，是鋰離子可以取代了鈉離子。

(四) 雙極性患者，其 HPA 有輕微但明顯的異常：有時施予甲狀腺荷爾蒙，會使抗憂鬱劑的效果更好。但是，甲狀腺荷爾蒙也可能會促發雙極性疾患患者的躁狂發作，治療雙極性疾患最有效的藥物——lithium 與 carbamazepine——有可能改變 HPA 系統。以上資訊，參考《變態心理學》二版（p.22），而加以編輯整理。

五、一般處理原則及中長期治療方向

(一) 一般處理原則

1. 了解目前疾病發作狀況。

2. 對個案衛教，強調服藥的重要性並勸導其住院治療。

3. 說服個案就醫。

4. 協助送醫，與醫師討論目前疾病狀況，盡速服藥。

5. 知會相關人員：聯絡家長、導師校安人員等。

6. 確認個管員、諮商員及行政／資源教室人員角色。

(二) 視個案狀況鼓勵其就醫住院，或積極服藥，通常躁鬱症的病人需服用鋰鹽

(三) 諮商中心之中長程治療方向

若不需住院，則諮商中心應在其躁症發作時，安排一星期至少兩次以上的諮商會談。並加強其服藥遵從性。而諮商會談之重點在於：

1. 理解使自己觸發躁症的環境並加以改變。

2. 協助覺知自己的症狀、認知的過程、思考的模式並加以改變。

3. 培養個人的人際技巧和溝通表達習慣。

4. 改變自己的生活模式（如：固定睡眠習慣、不喝太多咖啡）。

5. 積極建立良好的朋友關係。

6. 培養對周遭事物欣賞的能力。

鬱症案例

一、樣態

案例一

大四女同學於期中考後，自覺期中考成績極差，因而對緊接的碩士班

考試也失去信心，認為自己一定考不上；若考不上研究所，未來將沒有希望有自己喜歡的工作；再加上在便利商店打工不順利，覺得自己是無用之人，因而服藥企圖自殺。但服藥後，又心生恐懼，而電話求助平日晤談之諮商員。

案例二

　　女同學，因私密照遭受同校男友在網路上散播，感到羞恥，而不停地以抽血的方式，企圖自殺，幸遭同學發現，立即聯絡校安人員。

二、一般評估原則及常用評估工具

(一) 評估應收集之資料

　　1. 疾病歷程：憂鬱的情況有多久了？、發展歷程、情緒狀態變化。

　　2. 了解疾病家族史，家人是否有罹患憂鬱症，是否曾有就醫。

　　3. 了解其就醫史、用藥史，是否穩定就診服藥。

　　4. 自殺及暴力行為史：是否有自殺自傷行為？自傷／自殺行為為何？

　　　 是否致命？頻率多少，過去有無暴力攻擊的行為？

　　5. 家庭關係及社會支持系統。

(二) 評估工具

　　1. 貝克憂鬱量表（BDI）。

　　2. 貝克絕望感量表（BHS）。

　　3. 貝克焦慮量表（BAI）。

三、臨床現象與診斷

　　經常性心情憂鬱、悲傷、疲倦及無精打采，對許多事物失去興趣、自我感到無價值感及不恰當的罪惡感、思考及專注力下降、睡眠飲食改變、

社交退縮、自殺意念等行為。

四、病理因素

(一) 神經生物假說

1. 單胺假說：三種單胺類（monoamine）發生異常

(1) 正腎上腺素（norepinephrine）太低。

(2) 多巴胺（dopamine）太低。

(3) 血清素（serotonin）太低。

假說內容：

(1) 三個神經傳導素的一種或三種皆缺乏。

(2) 突觸前神經元無法合成傳導物質

(3) 突觸後受體的敏感有關：受器敏感者，突觸間隙少量神經傳導就有反應；不敏感者需多量才有反應；故 SSRI 阻斷血清素再回收就有效。

2. 神經內分泌與神經生理因素

(1) 憂鬱症可能與神經內分泌系統的 HPA 軸的過度活化有關。

（下視丘－腦下垂體－甲狀腺軸 —hypothalamic－pituitary－thyroid axis）

(2) 鬱症者之杏仁核過度活化，杏仁核傳導會活化 HPA 軸的訊息。

(二) 素質－壓力說

1. 遺傳或體質性素質與壓力性生活事件結合，即可能導致憂鬱症。

2. 失親或養育照顧不良是憂鬱症重要的致病因子。

3. 人格變項，如神經過敏症，或負面認知基模變項是一種素質。

4. 人格或負面認知素質在與負向生活事件的交互作用之下。

(三) 心理致病因子

1. 心理動力 Freud：失落時的憤怒，哀傷內射；客體關係理論亦認爲是早期親子依附關係不良，孩子無法與父母分化，無法完成分離／個體化歷程；因而無法做「眞實的自己」，這些皆成爲成年後亦得憂鬱症之致病因子。

2. 認知學派

   (1) Seligman 認爲憂鬱症者容易有習得無助感（learned helpless），造成其憂鬱症狀。

   (2) 認知學派，如：貝克認爲，憂鬱來源是因其負面思考；個案的認知負面思考是原由早期的憂鬱性基模產生的負面核心信念，之後又經其負面的中介信念，產生負向自動化思考，而造成憂鬱症狀。因而憂鬱症患者容易產生負向認知三角（認知三元素）：對自己、對環境、對未來有負向期待。

   (3) Abramson 則認爲，憂鬱患者容易將負面事件皆歸因於是由於自己造成因而經常性責備自己，無論處理任何事情都會導致負面結果，他／她生命是很穩定的充滿負面結果。

(四) 社會致病因子：人際關係論

1. 憂鬱的行爲引發他人的負面感和拒絕。

2. 過度的想確認別人對他的好感。

3. 社交技巧不好，不容易和他人建立良好關係，缺乏社會支持。

4. 由於不易與他人建立有意義的關係，在職涯上也通常產生困難，容易造成向下衰退的螺旋狀關係。

5. 憂鬱流傳於家庭，家庭亦常有高情緒表達（emotional expression, High EE）現象。以上資訊，參考《變態心理學》二版（p.225），而加以編輯整理。

五、一般處理原則及中長期治療方向

(一) 一般處理原則

　　1. 了解目前疾病發作狀況。

　　2. 若有致命危險，盡可能說服個案就醫。

　　3. 協助送醫，與醫師討論目前疾病狀況。

　　4. 知會相關人員：聯絡家長、導師、校安人員等。

　　5. 確認個管員、諮商員及行政／資源教室人員角色。

　　6. 對個案衛教，強調服藥的重要性並勸導其住院治療。

(二) 視個案狀況鼓勵其就醫住院，或積極服藥，通常憂鬱症的病人需服用抗憂鬱劑。

(三) 諮商中心之中長程治療方向

　　若不需住院，則諮商中心應在其鬱症發作時，安排一星期至少兩次以上的諮商會談，並加強其服藥遵從性。目前多使用之治療流派為：

　　1. 認知－行為 CBT 治療

　　　(1) 辨識個案認知偏差，改變不良適應思考模式。

　　　(2) 辨識其負面自動化想法，蒐集資料評估自動化想法真實性及符合現實的程度，反駁及取代思考偏差，再評估自動化思考。

　　　(3) 促進行為活化（behavioral activation, BA）。

　　2. 人際治療（Interpersonal psychotherapy, IPT）

　　　(1) 檢核主要人際關係，使用角色轉換處理人際衝突、親人過世、人際孤立等問題。

　　　(2) 重點：放在改善人際關係上，辨認感受，①勇於做自己的決定等，解決爭端，表達負面感覺；②改善語言／非語言溝通。

　　　(3) 治療形式：聚焦此時此地，主要是促進患者在重要關係（如：親子關係、同儕關係、約會關係等）中的溝通，讓患者學會一

種更加開放的溝通方式，學會傾聽別人。

(4) 治療師會幫助個案察覺自己的需求，也會和個案會檢驗其在社
交互動中的溝通模式，並討論可促進有效溝通的良好社交行為。

3. 家族婚姻伴侶治療

(1) 家族治療中，試圖將憂鬱行為重新框架，成為家庭關係中的症
狀問題，不單只是憂鬱患者本身的問題。

(2) 處理認知歸因：探索伴侶互動行為下的認知，修正其互動認知
歸因。如：探討夫伴侶間懷疑、控制、距離下的認知歸因為何，
並修正這些認知歸因以正向的歸因來減少夫妻間的惡性循環。

(3) 協助正向溝通：增加正向溝通行為及減少負向的行為。因為此
學派認為憂鬱的伴侶，易傾向於對任何的負面行為產生憂鬱反
應。

(4) 以伴侶的情緒作為治療焦點，如：伴侶中的一方，若沒有得到
另一半的連結、保護、依附的需求、就易產生憂鬱反應；探索
這類伴侶在依附的關係上所產生的障礙原因及增進雙方能滿足
彼此需求之能力成為此派治療的焦點（Jonnson & Greenberg，
1995）。

六、學校之行政處理及諮商中心的團隊處理

如果個體已經出現嚴重的自殺企圖，第一步所要作的就是緊急的醫療
處置，通常協助其送醫至學校附近醫院或診所的急診室。10% 的企圖自
殺者需密集式醫療照顧，接受住院或門診治療；通常醫院也會通報當地的
衛生局，而其自殺關懷訪視員會評估並收案，定期以電話、面對面協談、
家庭訪視等方式進行訪視個案提供關懷服務，視個案實際需求提供社會資
源諮詢與轉介 …… 等，期望透過定期關懷訪視，減少自殺高危險群重複

發生自殺或自傷等行為，並提供自殺企圖者家屬情緒支持及評估等，以降低其危險性。

　　若個案回到學校後，諮商中心需安排一星期至少兩次以上的諮商會談，同時諮商員需密集與個管員合作照護個案，直至其情緒穩定。

❖第三章　因其他精神疾患引發之自傷危機個案

　　近年來在大學校園中，自傷／自殘行為非常普遍，許多同學也不掩飾其自傷行為，甚至自傷行為成為新的一種校園流行。精神醫學領域稱這種校園割腕族（Compus cutters）為「新的厭食症」（The new anorexia）。雖然自傷行為並非皆有致命危險，但若變成習慣性自傷，也可能在一次意外下就斷送寶貴生命；學生若有習慣性的自傷，也可能代表在自傷的背後隱藏其他的精神疾患或有不願面對／或遺忘的嚴重身體虐待或性虐待，而引發的解離狀態，進而產生不斷的自傷反應或行為。

一、樣態

案例一

　　女同學在課間拿刀劃手，輕微出血，同學見狀趨前關心，女同學疏離冷淡的說，「我心情不好，就這樣做」，同學告知導師，導師邀請個案談話，個案亦冷淡的拉開衣袖，手臂上滿佈割痕，她並提及自己經常自殘的過往；導師強力說服並陪同女同學至諮商中心安排晤談。女同學提及自己常在情緒不穩、低落時，就進入恍惚狀態之後發現自己自殘，但在自殘後，反而舒服些。進入諮商後，提及其父母經常性的爭吵，在父母爭吵後，母親經常對其身體虐待；她又在高中補習班時曾被補習班老師誘姦，並告知

母親，母親非但不相信疼惜，反而痛打她；從此後，她常陷入情緒低潮，產生恍惚解離，並出現習慣性自殘的情形。

二、自傷的行為症狀

1. 自我傷害並不一定是自殺，而是一種想要活下去，甚至有可能是自我治療的企圖；多數無致命危險，但若不小心也可能致命。自我傷害的行為主要是切割自己，但不是只有割傷自己，還包括：用尖銳物割皮膚、捶打自己、拉扯頭髮、頭去撞牆、過度用力的壓傷、咬自己的手臂、燙傷自己、破壞舊傷口、咬破唇舌或手指，甚至更嚴重的還有挖掉自己的眼睛、切掉自己的肢體、手臂或生殖器或剝掉自己的皮膚（特別是臉部）。引用李俊毅（譯）（2004）。《割腕的誘惑》（原作者：Steven Levenkron）。臺北市：心靈工坊。

2. 在多數案例中，受傷的「主要部位」是皮膚，用刀子或刮鬍刀片割傷，或是用剪刀、瓶蓋等造成的刮傷；有時候則是燒燙傷，在治療自我傷害的個案的過程中，這些傷害極少是致命性的，傷口通常位於容易遮掩的部位。

3. 當自傷個案割傷自己時，通常處於一種恍惚狀態（trance state），他（她）們追尋的是痛苦與流血，一點也不在乎外觀的改變。也有個案聲稱割傷痛苦後反而會有放鬆之舒適感。

4. 自傷個案並非計畫性地傷害自己，並非自覺到意識層面的意圖，反而是一種強迫性衝動。他（她）們追尋的是體驗身體上的痛苦，通常利用它來撫平更痛苦的心理狀態。

5. 在自己身上製造痛苦與流血這類的行為，具有「回饋」作用。這暗示在過去的某個時間點，痛苦總是與家庭及舒適的概念連結在一起。因而，自我傷害行為的出現常在：當意識恍惚、恍神（Trance state）

之後；是種衝動及強迫的行為；常是非計畫性；用體驗身體的痛，撫平更痛苦的心理狀態；在自傷行為前有一股急迫的情緒壓力；自傷後，身體上的痛苦經常伴著放鬆、滿足、愉悅以及麻木感。但也由於社會汙名化現象的恥辱與恐懼，導致自傷個案極力遮掩傷疤、血漬，以及其他自傷留下的證據。

三、與自傷連結的診斷準則

常隱藏在 DSM-5 的幾項診斷中：

1. 邊緣性人格違常（BPD）。
2. 解離性身分障礙症（DID）。
3. 拔毛症。
4. 餵食及飲食障礙症：厭食及暴食症。
5. 思覺失調症急性發作。
6. 強迫症。
7. 合併焦慮狀況的憂鬱症。

也通常會出現在個案極端憤怒，特別是必須隱瞞的憤怒時，許多時候，自傷個案亦存在隱藏的兒童期的性侵、身體或精神虐待。

四、自傷的病理因素

(一) 自傷是一種抗議及懲罰父母的行為

被父母過度保護的孩子，在孩子面臨困境時（如：生病、學業表現不好、與朋友起衝突、甚至闖禍），父母親就會過多的介入與關懷；反而讓孩子沒有能力在外生存，也害怕與家庭外的人相處；看似父母提供許多的關愛與介入，孩子反而厭惡父母親及他們的愛。

當厭惡程度增強，一旦在外有了困境，父母繼續提供過多的介入與關

心時，反而更增強孩子厭惡感，變得過分厭惡自己也厭惡父母，甚至意識或潛意識的故意跌到或割傷自己來逃避困境，用以懲罰父母或自己。

(二) 由身體疼痛來逃避現實困境

有些孩子由於無法因應人際問題而內轉以自傷行為來脫離人際現實感。當越脫離現實感，也越削弱其在現實世界解決問題的能力。更加逃入自傷的行為，導致自傷行為成為一種安全機制。只要遇到些微的人際威脅時，就逃入自傷行為，自傷行為越穩固，就越脫離現實，越無法感受他人，也越無法有良好的人際互動。

> CL：「焦點就只在身體的這塊地方，什麼都沒有——腦子一片空白。我開始割，很痛。我割深一點，痛多了。我移開刀片，傷口更痛了，開始流血了。流血意味著我傷的嚴重到足以驅離其他的痛。結束了。我看傷口，用繃帶包紮起來，我終於可以休息一下。」（節錄《割腕誘惑》，119-128 頁）

(三) 以身體疼痛來撫平心理疼痛

父女亂倫的個案，個案常會經驗解離，因那可逃離身體疼痛及寂寞感，甚至在解離時會自傷，藉由傷害身體來替換那些可怕的被強暴感覺；自傷可帶領自己逃離孤寂及被拋棄感，「痛可以讓她遠離孤寂」，這種痛又可讓她與唯一的依附對象——父親（即使這個父親也讓她受到身體疼痛），連結在一起。

透過自傷的疼痛，使其逃離孤寂與被拋棄感，也逃避心理的疼痛（自己依附的父親是傷害她的人），又連結她的依附對象，才是個案自我傷害的終極目的。

CO：「妳身體內部感受到的灼熱感，難道是類似小女孩被大人強暴時
　　　那種激烈掙扎感覺？」

CL：「就是那種感覺，為什麼我要讓我自己感受到那種感覺，而那種
　　　感覺是我小時候最厭惡的？」

CO：「很可能當你感到寂寞時，就會想要再次體驗當時的痛苦及所有
　　　感覺，那會讓你想到父親，也因此解除你的寂寞感，是嗎？」（節
　　　錄《割腕誘惑》，154-167 頁」）

(四) 以身體疼痛來處理依附問題

　　有些母親在個案孩童時，不一致的教養態度及經常性的拋棄，皆會導致孩子長期感受空虛、寂寞，情緒低盪，甚至形成兩極化的個性，導致成為邊緣性人格違常（Borderline Personality Disorder）。英國精神分析師賈德娜（Fiona Gardner），她認為自我傷害是：和理想化的母親融為一體的幻想，因而能滿足基本需要和對安全感的渴求。但這融合帶來自我可能被吞噬的恐懼，也擔心可能被忽略不在意。自傷行為的產生係因需要自我保護而出現適當的防衛機轉，包括退縮到一個安全和自我滿足的空間。也包括為自我保存而產生的攻擊（試著摧毀強而有力的母親，但也擔心失去母親，因而攻擊自己）。

　　此外，母親的不在意亦會引發上述兩種相同的防衛機轉。當這些反應重複出現，個體處在永遠的矛盾下，最後，攻擊轉向自身，自我傷害就發生。小時無法依附，導致成年時不習慣依附他人，而依附在「自傷」行為上。

(五) 自傷是有功能的，其生理／社會的背景為

1. 傷害自己常用來轉移對別人的憤怒，或潛意識想傷害別人的欲望，亦即自傷是種憤怒行為。

2. 自傷讓別人震驚／生氣／懼怕，個案因而得到滿足，也附帶取得關懷／附帶利益。

3. 自傷：身體受到傷害後會產生腦內啡（Endorphin），讓心理感覺舒適，逐漸的，個案在痛苦時，自傷以致產生腦內啡，之後依賴此種腦內啡產生之舒適感。

4. 文化背景：許多文化強調：沒有痛苦，就沒有收穫，如馬拉松選手，在獲得名次前，要付出許多辛苦練習，因此個案常有個幻想認為傷害自己後，可能有相對應的收穫。

以上資料主要是參考李俊毅（譯）（2004）。《割腕的誘惑》（原作者：Steven Levenkron）。臺北市：心靈工坊。及融合筆者之臨床經驗而重新整理而成的。

(六) 自傷就如同解離

1. 重大創傷的生死威脅時會產生解離，亦即置身危險中的人會對周遭環境產生不真實感或扭曲的知覺，有些情境變得模糊、有些卻異常凸顯，如此才能與極驚悚的部分保持距離；同時，正在遭遇重大創傷也會有時間靜止的感覺，此是讓人們有餘裕可以專注快速地思索如何自保；而情感的麻木能夠停止焦慮、阻隔恐慌，讓一個人機械化地做完該做的事。

2. 因此，解離是面對生死威脅時高明的調適機制：為了幫助受創傷者活下去，與創傷相關的某些知覺、感覺、思想、記憶和知覺逐漸分離，記憶記錄在某個邊緣的知覺層次。受創者在解離狀態下，感覺一切似乎很不真實，但在某個知覺層次又知道那是真實的。

3. 遭身心虐待或性侵害的孩子會擔憂自己死掉或發瘋，但他／她既不能跑、也無處可躲，甚至因害怕報復而不能告訴任何人；實質的脫

逃既不可能，只能在心理上脫逃。於是他／她使用自傷，彷彿遭受傷害或受虐的是別人，關閉情緒，告訴自己這件事並不是發生在我身上。

4. 許多個案在自殘時，常用的語彙是「好像」、「就像」，例：【我眼睜睜看著我傷害自己，但好像我是個旁觀者】。

以上資料主要是參考張美惠（譯）（2004）。《鏡子裡的陌生人：解離症：一種隱藏的流行病》（原作者：Marlene Steinberg、Maxine Schnall）。臺北市：張老師文化，及融合筆者之臨床經驗而成的。

五、問題之形成與深化

(一) 問題的形成

由於父母言語／肢體／性的虐待及忽略，讓孩子無法逃離，因而進入解離，也使用對自身懲罰（切割／燙），以便進入愉悅安全狀況，在那時，痛苦消失。

因此類似壓力來臨或自覺有危險，或內在矛盾無法擺平時，或空虛寂寞時，受創者就進入自傷狀態，因而反覆形塑。

(二) 問題的深化

每當有上述狀況時，就逃入自傷，這種暗示性學習會越來越加強，甚至不斷考驗自己的底線：

「我可以承擔多少疼痛？」

「我可以容忍多少程度的皮膚缺陷？」

「我可以抵抗多嚴重的失血？」

以致自殘越來越嚴重，使得問題越來越惡化。

六、治療策略擬定前的概念化

(一) 了解自傷的功能／好處

(二) 了解原生家庭帶來的觸發因素

1. 家庭系統／依附關係中的拉扯。

2. 家庭／父母的壓力產生影響教養問題。

3. 父母對孩子的差別待遇產生的問題（如：重男輕女）。

4. 父母角色退縮／父母孩子角色轉化，以致孩子必須承擔家庭重擔，他（她）們在感覺無法負荷時，產生自傷。

5. 父母慢性病，使得父母無法撫慰孩子，甚至孩子變成父母型孩子，無法負荷時，產生自傷。

6. 孩子過長時間獨處，無法承受空虛寂寞，因而自傷，因「痛苦」代表家的感覺。

7. 當父母施與各式各樣的虐待，使得孩子將「愛—依附—虐待」融合為單一複合體，對依附關係的渴望，以製造疼痛來應付孤單寂寞，將壓抑情緒以自傷行為表現出來。亦即遭父母親虐待的孩子（不管是情緒或身體虐待）學會擁抱痛苦，因為這種感覺夾雜了各種片段的愛、滋養，或是曾經接受過的關懷，因「痛苦」代表家的感覺。

8. 為何不斷「重回受害現場」，因被施虐者同一人疼惜愛戀與懲罰傷害，這兩種欲望融合成一種苦中有樂之狀態。

9. 之後個案在期待未來會有禍事發生時，就感受焦慮而導致預期性自傷。

七、治療策略

(一) 初期治療關係

1. 讓個案意識到他／她被充分了解，以建立信賴關係。

2. 允許個案慢慢來，逐漸發展及建立一個健康的依附關係。

3. 期待自傷個案可以依賴這個治療過程中產生新的依附關係。

4. 鼓勵自傷個案接受並採用治療師的正面想法，來取代自己的負面自我形象。

5. 協助自傷個案在新的正面想法上建立起自己的力量，藉以發展出健康的獨立性。

(二) 協助者必須擁有的特質

1. 信心：始終對個案保持同理心及信心。

2. 能表現對個案及病理的了解：常常分享對個案過去痛苦的了解，也分享對他絕望的了解，及自傷行為其實對個案而言是有功能的。

3. 養育慈恩式的治療法：治療師建立「依附－依賴－信任」主軸。

(三) 治療階段一：正面面對個案自傷行為

1. 檢視傷口是必要，討論新傷口也是必要：經常檢視其傷口 —— 打破此秘密行為，去除戲劇效果，分享此秘密，去除孤立，減少行為的敏感度。協助個案接受身體的醜陋面。

2. 當看到新的傷口時，治療師不要生氣、憤怒或哀求個案不要做，而是詢問及詮釋此行為的可能導因，再度理解其自傷行為後的無所歸屬感。

3. 詮釋其自傷行為，係因重要他人說他／她是壞小孩，當感受到自己壞的部分，就需懲罰自己、打自己、割自己，叫自己跳樓。

4. 治療角色要改變：必須放棄「案主中心」的做法，先出擊（Reaching

out）主動詢問再後退傾聽，權威又溫暖關懷，才能贏得信任。

5. 將手臂擬人化，和它談為何要「攻擊它」。

(四) 治療階段二

1. 檢視傷口變成重要的儀式

(1) 經常性的揭發曾經是秘密的行為，會讓自傷行為的意義大幅降低。並要求個案再度傷害自己時，須據實以告，讓治療師看看傷口；隨後，討論他／她為何傷害自己。約定並不要求自傷行為絕對消失，但要絕對坦承。

(2) 在每次治療開始時皆必須做這樣的檢查，直到自傷行為停止。假如自傷個案意識到每次自傷後都會被檢查，他／她會開始想像心理治療師在他／她每次自傷行為發生時都會在場，並且會分析自傷行為，逐漸將這種分析原因的期待，取代了自傷行為的本身。

2. 有時必須組合醫療團隊處理

(1) 若自傷個案，在治療歷程中，仍有較危險的自傷行為（諸如：切割動脈或企圖跳樓）會危急到生命，治療師仍應結合其他醫療單位，如：一位內科醫師協助醫學上必要的治療以及一位外科醫師協助傷口的處理。

(2) 另也需邀請一位精神醫師協助開立藥物，因過去的創傷常使得個案血清素低，服用抗憂鬱劑是必要的。

(3) 若同時出現厭食症之症狀，個案還需一位精神藥理學專家、一位內分泌學專家、一位婦產科醫師，以及一位營養學專家，一起與治療師合作處理個案的種種問題。

(五) 治療階段三：引進重要家人參與治療

如前述，許多家庭問題是促發個案自傷行為的主因，而自傷行為，也

是種取代與父母溝通的方式，因此，引進重要家人參與是極重要的策略之一。

1. 許多個案有種迷思：我的痛苦不能讓父母知道，若父母知道對父母會是個傷害，家族治療是要打破此迷思。

2. 家族治療其一目的是要，讓重要他人也了解個案的自我傷害行為，也參與固定檢查傷口，用以「剝奪」個案秘密「自傷」行為

3. 鼓勵在家庭治療中，個案能釋放內心不安、痛苦及怨恨的情緒，健康的表達對父母的憤怒與生氣。過去個案常認為不能對父母生氣，因那是危險的，而家族治療即希望建立家庭內成員有良好／健康的溝通模式。

4. 家族治療中，治療師協助營造重要他人有機會為過去意識／無意識的傷害向案主道歉。

(六) 治療階段四：當自傷行為下降後，治療師才有空間處理其他的問題

1. 當個案自傷的行為及症狀減少了，在治療室中，可能會開始提及其他的問題，諸如：對自我的厭惡及低落自信，亦有可能提到雖自傷行為減少，但強迫行為或厭食、暴食行為反而增加，治療師此時，仍需將這些問題行為與先前理解的個案病理概念化連結，繼續做詮釋與治療。

2. 若個案的狀況越來越穩定，可以使用其他的治療策略，如：認知治療、焦點治療處理其某一問題。

3. 個案的家人可能會認為去除了一個症狀，又有新的症狀產生，個案的問題永無止境而感到挫折沮喪。熟悉這個疾病模式的心理治療師必須警覺並鼓勵家人，將個案與家人的失望程度降到最低，鼓勵其繼續努力，避免個案及家人中斷治療。

(七) 治療階段五：學習新行爲

1. 學習控制衝動行爲／極端情緒。

2. 改變人際關係、自尊，提升快樂。

3. 學習新的和他人溝通方式。

4. 學習新的宣洩憤怒方法。

5. 從逃避責任到承擔責任。

以上資料主要是參考，李俊毅（譯）（2004）。《割腕的誘惑》（原作者：Steven Levenkron）。臺北市：心靈工坊及張美惠（譯）（2004）。《鏡子裡的陌生人：解離症：一種隱藏的流行病》（原作者：Marlene Steinberg、Maxine Schnall）。臺北市：張老師文化，兩書，再加上作者之臨床經驗而重新整理而成的。

性平議題及相關危機個案的案例與處理

❖第一章　性平議題類型及校園性平委員會之設立功能與流程

　　近年來，隨著社會快速變遷，網路科技興起，性別的議題也不停的翻轉，新的性別概念衝擊大學校園的性別認同、身體意象；也衝擊著大學校園內，人與人之間的話語界線、身體界線、情感互動方式，稍有不慎，就可能淪為性別議題的受害者或加害者；也可能因未謹守分寸，而觸犯法律議題，甚至成為犯罪者，涉及刑法。

　　而這些產生性平問題的對象，也不再僅限於學生與學生之間，還包括學生與教師間、教師、職員、學生間，涉及的對象，也不再僅是校內人士，甚至包含校內人士與校外人士的糾紛。校園的性平議題，許多行政、主管、導師都希望諮商中心介入處理性平糾紛或受害者及加害者，因此諮商中心之主任、組長及諮商員必須了解這些議題與處理方向，以下介紹在大學校園容易產生的性平議題類型。在校內，一旦接獲有關性平議題，學校與諮商中心，必須參與處理的行政流程及方向為何。

一、性平議題類型

(一) 性騷擾

　　1.定義：指符合下列情形，且未達性侵害之程度者：以明示或暗示之
　　　　方式（如：言語、行為、圖畫或他人可了解之意思），表現出令人

感覺不被尊重且和性或性別有關之不受歡迎的暗示、挑逗、貶抑或性別歧視之言詞或行爲，而影響他人之人格尊嚴、學習、或工作機會或表現者。

2. 具體行爲：行爲人對他人講黃色笑話、偷拍裙底風光、襲胸、未經他人同意碰觸身體敏感部位、將他人之裸照散播至網路、竊取他人之內衣褲。

3. 涉及之法律：告訴乃論罪。

(二) 妨害性自主

1. 定義：指性侵害犯罪防治法所稱妨害性自主犯罪行爲，即爲對於男女／男男／女女以強暴、脅迫、恐嚇、催眠術或其他違反其意願之方法而爲性交者。

2. 具體行爲：行爲人對未成年學生合意性交或強制性交、師生誘姦、對校內同學性侵、對校外人士性侵。

3. 涉及之法律：妨礙性自主罪章 221 至 230 條屬公訴罪。

(三) 在公訴罪及告訴乃論罪的灰色地帶，還有「跟蹤糾纏」之行爲。

1. 定義：糾纏行爲定義爲行爲人出於對特定人的愛戀、喜好或怨恨，對該人、親屬或生活關係密切者，反覆或持續跟蹤監視、盯梢、撥打無聲電話等行爲。

2. 具體行爲有愛情糾纏式跟蹤（love obsession stalking）、報復跟蹤（vengeance stalking）、網路跟蹤（cyberstalking）、單純糾纏跟蹤（simple obsession stalking）等形式。

3. 涉及之法律

107 年行政院通過「糾纏行爲防制法草案」，遭跟蹤、騷擾的受害人可報警，若查證屬實，且行爲人經勸導不聽又重複再犯，最高可處 3 年有期徒刑與併科 30 萬元罰金。

二、校園性平委員會的設立其功能與執行流程

(一) 校園性平委員會的設立功能

　　自民國 93 年起，教育部制訂了校園的「性別平等教育法」，中間規範臺灣各級學校應設立性別平等委員會，其委員會組織規範如下：「學校之性別平等委員會，置委員五人至二十一人，採任期制，以校長爲主任委員，其中女性委員應占委員總數二分之一以上，並得聘具性別平等意識之教師代表、職工代表、家長代表、學生代表及性別平等相關領域之專家學者爲委員。」

　　在該法規之第 21 條並規範，「當知悉服務學校發生疑似校園性侵害、性騷擾或性霸凌事件者，除應立即依學校防治規定所定權責，依性侵害犯罪防治法、兒童及少年福利與權益保障法、身心障礙者權益保障法及其他相關法律規定通報外，並應向學校及當地直轄市、縣（市）主管機關通報，至遲不得超過二十四小時並學校或主管機關處理校園性侵害、性騷擾或性霸凌事件，應將該事件交由所設之性別平等教育委員會調查處理，任何人不得另設調查機制，違反者其調查無效」，也就是說，一旦校園有人舉發發生上述類型性平問題時，除通報相關機構學校的性平委員會就必須啓動其機制，並運作以下的流程來保護受害者，懲處加害者。

　　法規中第 30 條規範，校園一旦有人檢舉性平議題時，「應於三日內交由所設之性別平等教育委員會調查處理」。

　　至於當確認行爲人有涉入以上提及之行爲時，其校園後續之懲處，在法規中第 25 條，亦規定「校園性侵害、性騷擾或性霸凌事件經學校或主管機關調查屬實後，應依相關法律或法規規定自行或將行爲人移送其他權責機關，予以申誡、記過、解聘、停聘、不續聘、免職、終止契約關係、終止運用關係或其他適當之懲處，並應命行爲人接受心理輔導之處置，或經被害人或其法定代理人之同意，向被害人道歉、接受八小時之性別平等

教育相關課程以及其他符合教育目的之措施。前項心理輔導,學校或主管機關得委請醫師、臨床心理師、諮商心理師、社會工作師或律師等專業人員為之。校園性騷擾或性霸凌事件情節輕微者,學校、主管機關或其他權責機關得僅依第二項規定為必要之處置。第一項懲處涉及行為人身分之改變時,應給予其書面陳述意見之機會。第二項之處置,應由該懲處之學校或主管機關執行,執行時並應採取必要之措施,以確保行為人之配合遵守。

　　法規中第 27 條,亦規範「學校或主管機關應建立校園性侵害、性騷擾或性霸凌事件之檔案資料。行為人如為學生者,轉至其他學校就讀時,主管機關及原就讀之學校認為有追蹤輔導之必要者,應於知悉後一個月內,通報行為人次一就讀之學校。行為人為學生以外者,轉至其他學校服務時,主管機關及原服務之學校應追蹤輔導,並應通報行為人次一服務之學校。」

(二)性平流程及相關處理原則

　　由以上之法規及本人多年涉入校園性平議題之經驗,整理出諮商中心與性平會處理議題時之流程,可簡述如下:

　　校園須先設立性平檢舉窗口(目前多放置於校長秘書室)→一旦有人舉發→性平執秘受理→三日間需召開性平會議決定是否要正式收案→若是,性平會則要求校方行政人員初步收集資訊(如監視器畫面)→同時,正式另組調查委員會,著手進行調查(調查時間為期兩個月)→若涉及「性侵害犯罪防治法、兒童及少年福利與權益保障法、身心障礙者權益保障法及其他相關法律」的案件,應於二十四小時內依規定向學校及當地直轄市、縣(市)主管機關通報,(例如:在學校所在地位於花蓮,則需通報至花蓮縣社會局)→同時亦需通報至教育部之校安中心→當調查委員報告出爐後,則需呈交校園性平委員會→由性平委員召開會議→在會議中決議,涉案學生送交學務處之學生獎懲委員會進行懲處;教職員送交校教評

會進行懲處→最後結果仍需呈交當地直轄市、縣（市）主管機關及校安中心→懲處後，主管機關及學校進行追蹤輔導，行為人轉學或轉校服務，則通報行為人下一個就學或服務之學校。

受害者／加害者於諮商中心多數時在性平流程結束後，性平委員會會要求其雙方後續接受晤談，為謹守中立之專業化，因此諮商員盡量在晤談前不捲入行政糾紛當中，才能贏得個案的信任順利進行治療工作。

三、諮商中心參與性平流程與處理時需注意事項

1. 避免擔任性平窗口，因性平議題常是爭議的，常常「受害者」與「加害者／行為人」是對立的，其性平流程有可能雙方家屬亦是對立的，而諮商中心諮商員常在性平流程結束後要擔任「受害者」與「加害者／行為人」之諮商員，如前述若無法角色中立，則無法贏得個案之信任，展開諮商；在作為檢舉／執行窗口，常捲入雙方糾紛中而無法角色中立。

2. 盡量以「列席」身分，而非「出席」身分參與性平流程。若以「出席」身分，則可參與性平會議之投票，可能會被「受害者」與「加害者／行為人」認為「裁判」與「球員」，認為諮商員以有既定立場，而阻抗諮商。

3. 要熟稔性平「受害者」及「加害者／行為人」之治療處遇等晤談技術。

4. 勇於擔任通報員角色。

5. 在「受害」、「加害」治療工作時，要小心書面紀錄方式及內容，因有可能兩造日後會進行訴訟，而諮商紀錄則可能會呈上到法庭。

❖第二章　性騷擾議題之危機個案

一、樣態

案例一

　　男同學，在圖書館趁女同學閱覽期間的休息，從後方熊抱襲胸，被監視器拍到畫面，但該生堅持否認他不是加害者；而在兩星期後，該男同學在女廁所偷窺，當場被抓個正著，才承認自己平日有偷窺、襲胸、熊抱的癖好。

案例二

　　某教授，一日在酒後，進入其實驗室，對正在進行實驗的女研究生熊抱、襲胸、強吻；女學生不堪其擾，憤而檢舉。

二、性平流程

　　以案例一為例，當被抓獲偷窺男之同學到性平窗口舉發此案件時→性平執秘即受理→三日間召開性平會議決定正式收案→性平會並要求校方行政人員初步收集資訊（如收集監視器畫面）→同時組調查委員會著手進行調查→當調查委員報告出爐後，呈交校園性平委員會→由性平委員召開會議→在會議中決議，該生確涉性騷擾行為之事實，需送交學務處之學生獎懲委員會進行懲處→懲處後，行為人需赴諮商中心進行八小時之性別平等教育相關課程。

三、諮商處遇方向及策略

(一)受害者

　　諮商員邀請受害者赴諮商中心進行晤談，但受害者保有拒絕的權利；

若受害者進入晤談，諮商員之重點則放在紓解受害者之驚嚇、憤怒、噁心之感受；並可針對性騷擾者問題迷思予以衛教，以培養對性騷擾正確認知，提高其未來對可能受害的敏感度，並協助其建立身體自主權之概念以及對身體親密性尺度之敏感度，使其了解保護自己及申訴相關資訊之資源。

(二) 相對人

相對人／行為人之八個小時的性別平等相關課程，應著重以下相關內容：

1. 讓其了解他的性騷擾、猥褻行為相關的扭曲認知與迷思是不正確的，例如：他／她（受害者）沒有當場拒絕或反抗，就不能算是性騷擾／性侵害；他／她們弄不好還爽在心裡；只是摸一下會死嗎；喜歡開黃腔的人很幽默等。
2. 讓其了解其性騷擾行為可能對受害者產生之困擾與傷。
3. 了解其有此性騷擾及猥褻行為是否與最近的壓力相關，性騷擾、猥褻行為是否為因應壓力的不良技巧；了解其性騷擾、猥褻行為的高危險相關因子。
4. 讓其了解若不控制並阻止其性騷擾、猥褻行為有可能上癮及形成病態循環的模式並將成為強暴犯因而犯法。

❖ 第三章　性侵害議題之危機個案

一、樣態

案例一

一位女同學，邀請系內兩位男同學，深夜飲酒聊天訴心事直至天明，之後三人回到其中一位男同學的住處（該男同學因父母出國不在家），之

後兩位男性輪流和該女同學發生性行為；數小時後，回至校園後，該女同學在網路上聲稱其被這兩位男同學輪暴，而他校教授透過網路得知此消息，通知該校校長，並進行通報。

案例二

　　女同學在校外租屋，夜間與同學討論完報告後返回住處，遭到校外人士尾隨至出租套房，強行性侵該名女同學，半年內校園間，已發生四起外宿女同學被校外人室性侵之案件。

二、性侵害的種類

　　認識者強暴型、約會強暴型、電話或網路騷擾型、歹徒入侵型、師生誘姦。

三、常發生性侵害／性騷擾事件之處

　　高建築之頂樓、電梯內、廁所、停車場、空教室、乏人注意之邊緣運動場地、樹林、校園四周圍牆邊、缺乏照明處、宿舍。

四、校園性侵害的迷思多為

　　1. 愉快的用餐，就是性行為的前奏。

　　2. 情人節或聖誕節等浪漫節日是女性奉獻貞操的最佳時刻。

　　3. 以為自己外表不怎麼樣就不會發生性侵事件。

　　4. 女性說「不」其實就是要。

　　5. 既是情侶竟應該完全的奉獻才是愛的表現。

　　6. 女同學願意進入男同學的宿舍，就代表其願意與男方發生性關係。

五、性平流程

以案例一為例,透過他校教授舉發→該校校長得知→性平執秘受理→第二日召開性平會議決定正式收案→由於本案涉及性侵受害者及行為人,因而性平會在正式收案時,就需通報至當地家庭暴力及性侵害防治中心,以及當地警察局;並要求校方行政人員初步收集資訊→同時,當地家防中心之社工與警察,應在 24 小時內進入校園,同時對受害者及行為人進行檢傷、訪談及筆錄→學校性平會應立即組調查委員會著手進行調查→當調查委員報告出爐後,呈交校園性平委員會→由性平委員召開會議→在會議中決議,該案確涉有性侵行為之事實,需送交學務處之學生獎懲委員會進行懲處→由於該案件亦涉及刑法之性侵害行為,後續交由司法機關處理。

六、受害者之評估工具及受害創傷症狀

評估工具:The Sexual Assault Symptom Scale II(SASS-II)、BDI 、DSM-5、PTCI(創傷認知表)、SCL-90、PTSD symptom scale。

性侵害受害者的創傷症狀與「性侵害創傷症」(Rape trauma syndrome)如下。

(一) 性侵受害者三症狀

1. 生理創傷:身體多處器官受傷,特別是陌生人之性侵。
2. 心理創傷:驚恐、害怕、羞愧、沮喪、自卑、憤怒、不信任他人、過度警覺、記憶侵擾,不斷在腦海中重新經歷創傷事件。
3. 行為創傷:打扮中性、不敢出門、持續失眠、逃家、對創傷事件的再體驗也會出現在行動上,反而開始有過多性行為。

(二) 性侵害創傷症的階段性發展 (developmental stages)

通常性侵害創傷症(Rape trauma syndrome)包括兩階段,特別是在

被陌生人強暴：

1. 急性或失序階段（acute or disruptive phase）：被性侵後數天至數星期，產生一般壓力症狀反應，如身體痠痛、失眠等，主要對個人安全的過度警覺與害怕。

2. 長期重整階段（long-term process of reorganization）：性侵害相關創傷，如惡夢、驚恐、無法信任人、性功能障礙等，可持續數月到數年，才能恢復原有生活模式，並重建對世界的控制感。

(三) 倖存者創傷的面向

Resick（1993）之受害者創傷研究，指出受害者會在以下 6 向度產生困難：懼怕與焦慮（fear & anxiety）、創傷後壓力症候群（PTSD）、憂鬱（depression）、低落自尊（low self-esteem）、社會適應困難（social adjustment difficult）、性功能障礙（sexual dysfunctioning）。

(四) 強暴倖存者之認知缺陷

1. Foa & Rothbaum（1998）認為若沒有得到好的治療與處理，強暴倖存後容易逐漸發展兩種認知**缺陷**：

   (1) 這個世界是危險的（例：獨自生活很危險）；

   (2) 我是無能力的（例：我無法處理任何壓力）。

2. Foa et al.（1999）繼續修正自己理論，提出情緒發展理論（Emotional processing theory）：

   (1) 倖存者認為這世界是危險的；

   (2) 下意識避免創傷相關之想法及活動；

   (3) 非黑即白；

   (4) 我沒能力因應世間的威脅與危險；

   (5) 多數倖存者不去驗證這些負向認知是否正確。

而逐漸發展成慢性 PTSD；持續逃避創傷相關的想法與行為；增強創傷後

負向認知之發展；破壞受害者對環境安全、自我價值感與天地萬物合理秩序的基本認定。

七、受害者諮商處遇方向及策略

(一) 被害/倖存者的復原歷程、步驟及基本工作

　　Herman（1992 / 1995）指出，倖存者基本的復原歷程有數個階段，如：建立安全感、重建創傷故事、恢復被害人與社會的聯繫等。國內洪素珍（1996）則提出五個步驟來協助受害人復原：承認遭受虐待的眞實性、了解自己用了哪些方式存活、學習原諒主題、學習並練習正面處理問題的方式及去自我標籤。

　　而林淑梨認爲協助倖存者復原的基本工作有：

1. 治療師應協助倖存者控制其創傷後症後群的生理症狀。
2. 治療師應協助倖存者逐漸覺知與創傷記憶相關的感覺。
3. 治療師應協助倖存者逐漸覺知並接受創傷記憶是片段的、有感覺的。
4. 治療師應協助倖存者學習操控自己的創傷記憶——記住或忘記。
5. 治療師應協助倖存者減少自責，重拾被毀的自尊。
6. 治療師應協助倖存者重建重要人際關係。
7. 治療師應協助倖存者重建並含括創傷之生命意義。

又本書作者認爲要協助倖存者的復原其基本工作則有：

1. 對倖存者先進行詳盡的自我心理強度（Ego strength）診斷評估。
2. 依其心理強度協助倖存者逐漸接受其症狀與問題，如：減低其解離的創傷反應，逐漸承擔面對記憶的壓力。
3. 恢復倖者的力量與主導權
   (1) 身體的掌控：身體機能調節、症狀處理、自毀行爲的控制。

(2) 環境的掌控：增加生活環境之安全感、提高其經濟效能、從封閉自我到重建社會的聯繫、全面日常生活規劃。

4. 增強其社群支援：增加家人對其的支持、使用社工體系面對司法訴訟、協助其申請社會補助、定期提供心理治療。

(二) 使用「延長暴露法」及「眼動減敏與歷程更新」的治療計畫

1. 延長暴露法（Prolonged Exposure therapy, PE）

(1) 可以只用 PE：先訓練以腹式呼吸進入深度放鬆，呼吸再訓練，進入想像過去創傷的暴露，逐漸接觸眞實情境的暴露。

(2) 可合併 PE 與認知重建（cognitive restructuring）：修正失功能的想法，如：減低罪惡感及羞恥心，合併 PE 與認知重建療法（壓力免疫訓練的一種），重複呼吸再訓練→想像的暴露→眞實情境的暴露→認知重建的循環練習。

(3) 結合 PE 與 SIT（Stress Inoculation Training）：當有強烈而且連續的焦慮時，而無意願回憶任何型態的創傷，先使用放鬆、SIT 降低焦慮，再用呼吸再訓練、想像暴露、眞實情境暴露、認知重建、思考中斷法、引導式的自我對話、刺激控制與區辨、內隱的練習、角色扮演等等技術反覆練習，直到受害者不再被此經驗困擾爲止。

2. 眼動減敏與歷程更新（EMDR）

這是一種可以在短短數次晤談之後，並且不用藥物的情形下，有效減輕心理創傷程度及重建希望和信心的治療方法。這些可以被減輕的心理創傷症狀包括「長期累積的創傷痛苦記憶」、「因創傷引起的高度焦慮和負面的情緒」，及「因創傷引起的生理不適反應」等。接受 EMDR 治療而可以建立起的正面效果，並涵蓋了「健康積極的想法」及「健康行爲的產生」等。其治療程序，八階段分別爲：

(1)「患者病史檢驗」── 在第一個階段，要評估患者是否適合接受此一療法，及訂出合理的治療目標和可能的療效。

(2)「準備期」── 幫患者預備好進入重溫創傷記憶的階段，教導放鬆技巧，使患者在療程之間可以獲得足夠的休息及平和的情緒。

(3)「評估」── 用已發展出的「SUDS 量表」，評估患者的創傷影像、想法，和記憶內容，分別出何者嚴重，何者較輕。

(4)「敏感遞減」── 實際操作動眼和敏感遞減階段，以逐步消除創傷記憶。

(5)「植入」── 以指導語對患者植入正向自我陳述和光明希望，取代負面、悲觀的想法以擴展療效。

(6)「觀照」── 把原有的災難情況畫面，和後來植入的正向自我陳述和光明想法，在腦海中連結起來，虛擬練習「以新的力量面對舊有的創傷」。

(7)「結束」── 準備結束治療，若有未及完全處理的情形，以放鬆技巧、心像、催眠等法來彌補，並說明預後及如何後續保養。

(8)「評估」── 總評療效和治療目標達成與否，再訂定下回治療目標。

參考《危機處理與創傷治療》（pp.83-94）。

七、性加害／行為人類型、行為成因及犯罪歷程

(一) 性加害／行為人的類型
猥褻者（偷窺）、強暴者、戀童者、連續危險犯。

(二) 性侵害行為成因
1. Groth（1980）認為，性侵是種「假性性行為」，它是「綜合性、暴力、興奮和罪惡，在內在形成不可抑止的攻擊衝動，藉著暴力表達其被

剝奪之權力及憤怒感覺 ……」。

2. 加害／行為人者利用情境、機會與其心理病態，形成性侵害的危險因子。

3. 性侵行為與加害／行為人之家庭（暴力家庭、父母親關係）、性創傷經驗、個人問題（如：低自尊、扭曲的認知）、其生活形態與犯案前壓力源，綜合而成犯案原因。

(三) 校園性加害／行為人之其他相關形成因素

1. 父權的意識型態、性別意識有關的問題

(1)「我哪裡是騷擾，我只是在對學生／同學做『性輔導』、『性教育』」、「我只是在幫學生／同學按摩」。

(2)「性侵不是犯罪」、「有機會大家都會做」、「這是種性方式」。

(3)「女人說不其實心裡很喜歡」。

(4)「我喝了酒，不知道自己在做什麼」、「我不舉，怎麼可能做」。

2. 加害者／行為人由於性知識的缺乏產生之好奇變為加害者。

3. 生活型態過於侷限，未參與一些正常社交活動，當面臨壓力時，習慣以性侵的方式尋求紓解。

4. 過度暴露在不良性刺激中而無法控制。

5. 經常接觸錯誤的性知識訊息，而產生錯誤的認知，進而犯案。

6. 發生在上對下的權力關係中。

7. 臨床病態個案。

(四) 犯罪歷程

Wolf（1989）指出，性侵是種上癮歷程，當加害者遭遇壓力而產生負面情緒，發展其逃避行為（如：觀賞 A 片），逐漸發展扭曲認知（若我強暴她，她也許也很爽），開始預謀犯案，進而犯案。

八、校園内對加害／行為人可進行的處遇

　　根據教育部之性別平等法第 25 條要求：「校園性侵害、性騷擾或性霸凌事件經學校或主管機關調查屬實時，（學校應予以對行為人進行）申誡、記過、解聘、停聘、不續聘、免職 ……，並應命行為人接受心理輔導之處置 …… 接受八小時之性別平等教育相關課程 …… 」因而，本人設計了八小時對加害人的處遇策略與計畫，計畫的內容是根據 Marlatt 及其同事發展的預防再犯計畫（Relapse Prevention, RP）來修正性侵加害者／行為人之犯罪行為，用以教導其管理其情緒、認知、行為，使其容易控制其情緒，並增加對壓力容忍能力，計畫內容如下：

Session 1：建立關係，了解其犯案相關資料、家庭背景、學校就學情況、人際關係介紹性侵害之歷程與危險因子。

Session 2：建立關係，介紹性加害之犯案歷程，壓力源、認知、情緒、行為之關聯。

Session 3：探索個案之犯案歷程，集中在了解其壓力源→之後之情緒→之後之認知。

Session 4：探索案主之認知扭曲，及與其性幻想、事前準備及實際行為之關聯。

Session 5：探索案主之高危險情境，未來如何因應其壓力源、之後之低落情緒、扭曲認知及性幻想。

Session 6：挑戰其錯誤認知及性幻想。

Session 7：實施嫌惡治療增進其內在控制。

Session 8：實施內隱減敏感技術，反覆討論以上議題，直至案主有把握控制其行為。

第十篇
校園親密關係暴力及恐怖情人的辨識與處理

　　筆者曾在 80 年代，臺灣社會還未重視家庭暴力的時期，首先喚起社會大眾意識到，家／婚暴對婦女人身安全、家庭關係，目睹兒童都會造成巨大影響，也會衝擊到社會治安；在得到社會極大的迴響後，開始協助政府體制，社福單位開始建構種種機制來處理家／婚暴的困境，如：受暴婦女在危急時可進入的庇護所，禁制令／保護令的成立，警政系統介入的策略等；在當時我也提供受暴婦女的晤談諮商，印象深刻的不僅是當時社會可提供幫助的資源是這麼稀少，同時更深切同情她們夾在暴力與孩子親情的矛盾與抗衡，脫離與不脫離間的掙扎。

　　而到了 90 年代及千禧年代，筆者因感念家／婚暴社會資源的建制逐漸完成，而將自己的研究與治療工作轉向性侵害防治的相關議題；但就在民國 98 年前後第二度接掌諮商中心主任時，發現工作同仁仍不時需處理校園發生的親密關係暴力（後簡稱 IPV）案件，由於諮商員過去很少有處理這方面問題之訓練，及不清楚處理這方面議題的方向與策略，因而在處理時倍感壓力；當時，在擔任督導時，體認這類型的案件，讓許多諮商員感到相當棘手並極力想要迴避，故重拾對這方面議題的關注；但同時不解的是，當年在處理婚暴婦女時，發現她們的困境，經常是卡在離婚之不易，及孩子親情的牽絆，以致難以脫離受暴環境；但 30 年過去了，目前社會都已有較為完善的救助系統，但校園的親密關係暴力事件卻頻頻發生，兩造並沒有婚約之束縛與牽絆，若出現糾葛與衝突，為何還是無法分手了事，總是苦苦糾葛，發生暴力，傷人傷己；為了解惑，故於民國 98 至 99

年間與同事王沂釧老師一起合作，研究有關校園親密關係暴力的樣態與工作困難爲何；當時兩人根據文獻編擬了「大學院校對大學生親密關係暴力處理現況調查問卷」，來細部蒐集各大專院校諮商輔導中心在過去兩年內，相關的親密關係暴力其個案數、性質、需求等情形，及實務工作者如何察覺符合親密關係暴力個案之線索，又同時如何進行暴力評估、預測，是否會對受害者進行安全計畫，並對親密關係暴力問題情境處理之熟悉情形及能力等問題，進行了解與分析。

❖第一章　作者之校園親密關係暴力（Intimate Partner Violence, IPV）研究及結果

一、大學院校處理 IPV 之案件數及樣態

　　該研究寄送上述的問卷到當時的 160 所大專院校，請諮商中心之實務工作者填答後，得到 216 份有效問卷，而這些有效問卷中，顯示民國 98～99 兩年中，曾處理 IPV 案件之大學院校共 57 所，案件總數爲 229 件，而曾處理過 IPV 案件之工作者共 103 位（47.7%），其中 38 位爲行政職務工作者，65 位爲專職輔導工作者；行政者總處理案件爲 91，平均每位處理 2.39 件，最多處理至 9 件；工作者總處理案件爲 138，平均每位處理 2.12 件，最多處理至 10 件。而涉入 IPV 事件之加／受害個案有 315 人，其中相對者 121 人（男性 97 人；女性 24 人），故相對人男性爲女性之 4.04 倍；受害者 183 人（男性 17 人；女性 166 人），女性爲男性之 9.76 倍。

二、暴力衝突行爲之類型、出現頻率及暴力循環現象

　　由 65 位專職輔導工作者所處理之 138 件 IPV 案件中，發生「一次

暴力行為」之案件僅有 32 件，多次暴力案件則有 106 件（為單次暴力之 3.31 倍），顯見多數案件已呈現暴力循環之現象，一如過去文獻所見（Ferraro, 1997；Gortner, et al., 1997；Strube, 1988）。案件裡出現各類型暴力行為加總後為 603 人次，發生多寡依序為：高壓控制（210 人次，占總發生人次之 34.8%）、肢體暴力（182 人次，30.2%）、情緒虐待（169 人次，28.0%）及性暴力（42 人次，7.0%）；可看出高壓控制及肢體暴力行為之頻繁發生，是工作者須關注及敏感的暴力行為。同時，在肢體暴力中之持刀、武器或燒燙等攻擊行為、與性暴力中之妨害性自主之行為，皆可能導致傷害及致命危險，已構成刑事案件。

三、接觸 IPV 的時機與晤談前後求助需求之改變

前述 65 位專職輔導工作者指出，他們接觸 IPV 的案件，多由導師及教官轉介而來；尤其是相對者，多因轉介而來，而受害者則較多主動求助者，由於相對者在初談時多數是因導師或教官轉介而前來，想「學習情緒調控方法」的個案不多（僅占 10.8%），但晤談後，有此需求的個案卻提升近 4 倍（36.9%），亦即諮商開始時，相對人都認為是對方的問題，自己不需要學習控制情緒，但隨著諮商歷程的發展，逐漸意識自己情緒調節的能力有問題，的確是造成在親密關係中困境的原因；而受害者在初談時欲「改善與親密他人之相處模式」僅占 36.9%，但晤談後，有此需求的個案卻提升至 1.5 倍（52.3%）；因此，無論加／受害者在初談時多將問題外化，而晤談後施暴者較了解問題出於自身，願意嘗試改變，而受害者亦想增加自己對親密關係之互動覺知。

四、實務工作者處理 IPV 案件時之評估能力

(一) 對於IPV的覺察

　　雖然許多導師及教官是因為男女同學間已有暴力行為，覺得問題嚴重因而轉介到諮商中心，但 65 位已接手案件之輔導工作人員，仍僅將 IPV 界定為「關係適應」問題，甚至在問卷裡兩項覺察情境：「個案提及曾對／被親密他人進行肢體暴力」與「個案身上出現明顯傷疤或瘀青」，僅有三分之一的工作人員直指此為親密關係暴力，仍有六成工作人員未意識其嚴重性。甚至與性有關之暴力案件（被強迫性行為），其實已涉及到刑事案件，工作者也忽略其嚴重性；這些資訊都提醒在大專院校的諮商員要正視 IPV 的本質，若未能覺察其間暴力的屬性，很可能會受個案表面之求助原因所誤導，未能有效的遏止暴力。

(二) 危險評估的重點

　　研究顯示，工作者常藉非結構性之臨床評估法來評估 IPV 危險性，如針對受害者受害可能性時，會以「過去的受害經驗」、「可能之相對對象」、「身上是否有傷口或傷痕」、「易遭受暴力行為之情境」及「暴力發生的次數或頻率」五項評為評估要項，這部分較接近 Kroop（2004）文獻之建議，的確符合受害危險評估知要點；而在評估相對人潛在危險性時，大多工作者則選擇「是否習慣以暴力解決問題」及「個案之因應方式」來作為評估準則，而忽略了過去本人研究中（陳若璋、王沂釗，2012）顯示的重要評估要項：「早期是否有經驗暴力」及「早期是否有目睹暴力」；以及次要的「易引發暴力行為之情境」、「可能之受害對象」、「採用之暴力行為形式為何」及「暴力行為發生之頻率」等要件。因此，本研究顯示許多諮商員似乎對這些具預測力的因子並不熟悉，對施暴者形成理論及暴力背後的心理需求，仍欠缺認識，應是未來處理 IPV 議題及專業訓練中應加強的內容。

三、實務工作者處理 IPV 案件之處遇能力

(一) 受害者安全計畫之擬訂

在擬訂受害者安全計畫方面，研究顯示：有處理 IPV 經驗之工作者，較易直接與個案討論如何獲得立即的保護方法；而未有處理經驗之工作者，則較少直接提供的防範及逃生的計畫；大多數工作人員只採取關懷支持、資源運用的一般性諮商輔導策略。因此本研究顯示，大多工作者仍未覺察向個案討論緊急時如何逃生的必要性，並缺乏探討實質具預防危險策略的問題，如「暴力逃離路線」、「逃離時所需重要物品」及「重要物品之平時存放處」等，以確保個案的安全（Lawson, 2003）。

(二) 相對人形成／處遇理論之熟悉度

在進行相對人之處遇時，若能了解相關理論對於相對人形成暴力的原因及循環模式的理解，並對相對人暴力行為背後的心理需求有所了解，會更能提供有效的評估及介入方案；但是，研究結果顯示，校園實務工作者並不熟悉，相對人形成暴力之相關理論或客體關係或自體心理學在解釋形成相對人的「拯救者情懷」、或女性主義處理這方面議題的觀點，及新近的處理相對人的方案（如：Emerge 方案）等。未來在 IPV 相關的處遇研習課程中，也應強化實務工作者對於相對者形成及需求的認識，以協助當事人能辨識和改變暴力循環。

❖第二章　校園親密關係暴力個案的處理策略

一、樣態

案例一

女性個案在進行諮商晤談一個月後，逐漸告知諮商員，在目前的親密關係中，對方經常毆打她，其敘述如下：「掌摑之外，還有掐脖子，拳打

腳踢，她手臂經常有瘀青的，嘴角也是」，諮商員告知，此種行為已涉及傷害罪，此個案表示雖對此種暴力行為感到痛苦，但對於是否要與其伴侶分開，仍多有猶豫。

案例二

某一諮商員提及曾經處理過的一個讓他印象深刻，甚至罹患替代性創傷的個案：「女同學進入諮商後，告知其伴侶毆打她，該女同學逐漸也會開始拿梳子或筆，往那男生身上丟；而一次失控的行為是，當男同學開始毆打她，女同學閃避並隨手拿起椅子往男生身上扔，男同學大多閃開，但是當他跌坐地上時，女同學失控的拿了一把比較長的刀子，往男同學背後劃下去，她自述為自衛反應，但男同學鮮血直流，而後女同學報警自首，但不幸的是，之後女同學被判重傷害罪」。

案例三

學長學妹相識後，學長經常以指導／協助學妹的學業、生活各層面之姿態，而贏得學妹的青睞，進而同居；但總是以指導者／拯救者姿態，指揮學妹生活的總總。一日，在系上與他校的球賽前，學長耳提面命告知學妹赴賽相關策略，而後遺憾的是輸掉比賽，學長不斷怪罪學妹表現不佳，因而發生爭執，他在暴怒下公然揮球棒毆打學妹，被同學告知校安人員，而校安人員卻以諮商員才是處理這方面的專業人士，要求諮商員前往處理。

二、接觸 IPV 伴侶的困境

如前述之案例三，當諮商員到場時，即使受害者剛才才公然的遭遇暴力行為，在場有許多見證人，但她仍否認受暴情形的存在，甚至淡化相對人的暴力行為；而相對人更是全然否認暴力之存在，男同學僅不停的說：

「沒事，不用操心，就是情侶吵架，沒事的。」諮商員不停的勸說他們到諮商中心談一談，而此對伴侶，即使女同學仍滿臉淚痕，卻是一直很堅定，想要趕快離開，並不停的把事情淡化，一直說沒有事，甚至質疑諮商員，爲何要介入他們的感情事務。以上的案例，其實是非常典型的諮商員面臨之困境。同時，許多諮商員在剛開始處理／接觸 IPV 伴侶時，都提及很少有伴侶會願意承諾進入較長期的諮商晤談，故諮商員只能在危機時單次介入，難以建立長期諮商關係，也難深入了解兩人互動情況及進行完整危險評估。

三、接觸 IPV 伴侶的策略

　　如前述，當諮商員被校方要求到校園場所處理已有暴力行爲的親密關係伴侶，常被雙方否認而無功而返；甚至有不少案件是，當諮商員返回中心後，又數度接獲通報，雙方在原地繼續暴力，諮商員只好再度外出處理，卻再度無功而返。幾次後，筆者學習到，一旦接獲通報，一定要求兩位工作同仁一起外出處理，一位是值班諮商師，另一位可能是剛好沒有接案的心理師或是實習諮商師，若他們都走不開，甚或是接待員也可能與值班心理師一起外出處理。

　　當兩位工作同仁接觸到正在爭執暴力的伴侶時，必須強力插入前述兩位正在爭執的伴侶之中間，各自與其一談話，而後想辦法各自帶開一位，單獨談話。此時的要點，是盡量不允許兩位伴侶一起與兩位諮商員談，因伴侶中之相對人會引導整個談話歷程，而以他的觀點陳述發生的事宜，而諮商員完全聽不到受害者如何陳述其觀點；因此，若可能的話，盡量各自將單一伴侶帶回諮商中心晤談；若不可能的話，則各自的諮商員分別帶開其談話的一方，尋找隱密的地方，做初步的會談。

四、鼓勵 IPV 伴侶進入諮商的策略

盡量將伴侶分開個別晤談，兩位諮商員則以合作模式進行，同時需打破保密原則。

如前述，若 IPV 伴侶進入到諮商中心，則盡量鼓勵雙方進入個別諮商；並立即告知，因已有公然暴力行為，必須打破諮商的保密原則，因而雙方的諮商員會定期交換資訊，若未來仍涉及暴力行為，則需通報相關單位，並且兩位諮商員會定期與督導討論雙方關係；同時鼓勵伴侶雙方在此關係緊張時期，盡量避免一起居住。

五、若必須進行伴侶會談時的基本策略

若雙方堅持要進行伴侶諮商，其諮商的基本原則為：

(一) 盡量邀請兩位諮商員同時介入諮商，每次以一位諮商員為主導，另外一位諮商員維護諮商環境之安全；同時，盡量以一個半小時時間，來進行伴侶諮商。

(二) 嚴格的控制發言方式，每一次的發言，僅允許其中一位伴侶發言，當發言者分享其看法時，嚴格管控另一位伴侶插入辯駁；盡量讓雙方有等量的時間發言。

(三) 晤談初期，應使用「再犯預防模式」來努力盡速和緩及停止暴力，故應先討論近日暴力觸發的情境、原因，以及雙方的在暴力產生前的互動模式；由於諮商首要任務為緩和暴力情況，需要討論及協助伴侶商討下次進入衝突甚至暴力之際，雙方應如何離開戰場避免暴力更惡化的方式；並再次提醒若繼續有嚴重暴力產生，諮商員必須進行通報外界，而相對人會涉及刑法及學校會展開懲處。若在晤談的初期，仍有暴力的產生，諮商員可提及情緒假期（emotional vacation）的概念：在一兩週之內，避免居住在一起及任何的聯繫，除了來接受伴侶諮商

外。

(四) 當暴力逐漸停止後，需盡速了解兩人之原生家庭背景，當一人敘述時，另一方需認真聆聽及了解；其原因為：近 40 年的親密關係暴力文獻皆指出，暴力家庭會產生代間傳遞（intergeneration transmission）現象，亦即暴力的相對人，大多緣由至其原生家庭皆有暴力的主要照顧者，相對人早期大多亦有經驗暴力（experience violence）或目睹暴力（witness violence）的過往，常從暴力的父母或家人學習到暴力行為；或因早期原生家庭的互動而成為父母型孩子（Parental child）或形成拯救者性格（rescue complex），亦或是過度自卑，亦或是過度自戀而在爭執中覺得失去面子而容易產生暴力。而受害者亦多出生於有暴力發生的原生家庭，也會容易學習到有暴力原生家庭的受害者，在受暴時的歇斯底里反應，當在與伴侶有爭端時，容易挑釁或激怒相對人，而衍生受暴情形。

當雙方都了解彼此的心理發展歷程，也覺察自我在爭執時，容易複製原生家庭的暴力相對人／受害者之行為，語言、想法就需重新學習，並使用與過往不同的應對衝突的行為模式及認知基模來產生較良好的互動模式，進而改善兩人的關係。

六、處理親密關係暴力中心該注意的事項

(一) 諮商中心在平日時，就應提供有關處理親密關係暴力的訓練；在訓練時，應涵納中心的所有工作人員，如前述，甚至包括接待員、實習心理師、資源教室的輔導人員，因親密關係暴力常是突發事件，一旦發生，甚至也可能有立即的生命危險，因此需要動員較多的人力，一起協助處理，故平日的訓練極為重要。

(二) 在處理及晤談親密關係暴力時，如前述是兩造分開晤談後，雙方諮商

員，也需要知會兩造，未來所有的晤談資訊必須公開，其資訊公開的理由如下：

1. 由於親密關係暴力，常涉入他傷或自傷行為，因此諮商員在處理過程中，應打破保密原則；特別是，當期間任一方仍提及有暴力行為，諮商員立即應評估暴力危險性，必要時，需通報相關機構，亦應知會另一方的諮商員。

2. 常常在個別晤談時，許多案主會聯結其治療師，強調有利自己的觀點，攻擊伴侶，甚至有意無意的攻擊對方的治療師，因而兩造的治療師，若沒有常常互相討論案情，會被晤談的個案誤導許多狀況。

3. 因而即使採用個別晤談，兩造心理師也需有一督導進行定期會談討論，幫助兩造心理師看到問題的全貌及指出盲點，並採取較一致的治療策略與步驟；若是四個人的晤談模式，更需定期有督導來協助。

4. 由於處理親密關係暴力的案件，諮商師一方面也可能遭遇暴力，另外也擔心個案會由於暴力而造成致命的傷害，因而在歷程中，倍感壓力，諮商中心的行政主管及同仁，在此期間，應盡力支持參與之諮商師，並減輕其工作壓力，鼓勵其盡量自我照護，避免專業耗竭。

七、若採用個別會談對受害者的處理策略

(一) 諮商員首先須了解「被毆婦女症候群」現象

Walker（1979）當訪問 120 位受虐婦女，發現其特質有：(1) 低自尊、(2) 自覺應對被毆打負責、(3) 傳統主義者、(4) 罪惡感重、(5) 強烈習得無助感、(6) 否認有恐懼／憤怒情緒、(7) 身心症、(8) 類似 PTSD 症狀等等現象，上述則為我們常聽及的「被毆婦女症候群」。諮商員在個別會談受害者時，要留意案主是否有上述症狀，若有，則需協助修正這些錯誤的認知。

(二)以鉅視／微視的角度來理解為何受害者易陷入暴力的關係中

Jasinski（2001）以**鉅視導向理論**（macro-oriented theories）**角度來理解**為何受害者易陷入暴力的關係中，無法自拔：

1. 女性主義理論（feminist theory）：女性在關係中傾向使用自我犧牲的方式來避免關係間產生衝突。

2. 社會建構理論（social constructionism）：華人文化導致受害者採取妥協的態度因應關係上的問題。

3. 暴力行為的世代傳遞（intergenerational transmission）：暴力家庭中成長的兒子易成為毆打者，女兒易成為被毆者。

4. 社會認同的暴力（cultural acceptance of violence）：暴力之所以得以蔓延到關係中，是由於社會的姑息與背書。

另外，他從微視導向角度（micro-oriented theories）來理解受害者時，則提及以下理論：

1. 選擇與改變理論（choice and exchange theory）：假若受害者對於親密他人的財務依賴越高，其離開的可能性越小。

2. 落入陷阱理論（entrapment theory）：避免認知失調及維護自我價值感，受害者會選擇停留在暴力關係中。

3. 習得無助感（learned helplessness）：長期的受暴使得受害者逐漸失去了改變自身處境之動機與能力。

4. 歸因模式（attribution style）：將親密他人產生暴力行為的原因推究於自身。

5. 依附／創傷理論（attachment ／ trauma theory）：受害者依附於虐待關係中，且對相對者擁有巨大的連結與承諾感。

6. 壓力與因應理論（stress and coping theory）：生存壓力較大與社會資源較少，因應壓力的能力便會較低，且削弱自我效能，降低離開親

密關係的可能性。

(三) 在晤談初期應評估受害者受暴的危險及創傷程度

1. 先以臺灣親密關係暴力危險評估表（Taiwan Intimate Partner Violence Danger Assessment, TIPVDA）來評估受害者是否有致命的危險，若超過 8 分，則受害者有致命的危險需要通報相關單位。

2. 以創傷症狀紀錄（the Trauma Symptoms Inventory, TSI）來檢驗其受害者創傷情況。

3. 評估受害者將來是否可能繼續受暴可能性之要項包括：受害者身上是否經常有傷口或傷痕、是否易處於遭受暴力行為之情境、過去經歷暴力發生的次數或頻率、早期是否亦有受害經驗（包括是否在原生家庭曾經驗暴力或為目睹暴力）、過去是否容易選擇會對他／她施與暴力的相對人相同特質之伴侶。

(四) 個別諮商時，要盡速與受害人討論其安全計畫

Lawson（2003）建議安全計畫應包括：

1. 建議個案將手機、錢包、車鑰匙及重要證件等，習慣放入方便可攜的袋子或包包，並將此放置在容易取得的地方，以便快速逃離現場。

2. 與個案討論逃生路線及避難空間。

3. 與個案討論，一旦暴力發生，離開後可以去的安全地方（朋友或親戚家）；若生命危及時，必須先逃至警察機構。

4. 安全計畫擬定後，應提醒個案牢記在心或進行演練，以應付緊急的情況。

(五) 長期個別諮商之方向與策略

1. 探討並理解這段感情對個案的意義與重要性；為何他／她不選擇分手及被困住的原因；同時探討不脫離的原因是否基於扭曲的認知或

某種不合理迷思。

2. 探索其早期家庭經驗，是否曾經驗暴力或目睹暴力，因要逃離原生家庭，而再度捲入暴力關係中。

3. 探索其低落的自我概念如何影響其交友型態及生活。

4. 受害者是否經常亦是宅男／宅女或「孤狼」，平日不了解如何健康與人際交往，因此需與個案探討，如何在親密關係中展現自己優勢取得自在與自主性。

5. 探討個案希望的生命目標，以增加在親密關係中，獨立生活的能力。

6. 在晤談期間，要交叉談及其安全計畫，同時不時評估是否仍遭受暴力。

八、若採用個別晤談對相對人的處理策略

(一) 初步晤談時，諮商員協助盡速緩解及停止暴力的策略

在開始接觸及晤談相對人時，諮商員一樣要使用溫和但堅定的口氣，告知校方已知其暴力行為，若其不面對此問題，未來可能會接受學務處的懲處，甚至會面對刑法；因而鼓勵相對人告知諮商員，最近的暴力事件：並了解暴力前其關係中帶來的壓力為何、壓力帶來的情緒困擾、在壓力時的內在認知語言，進而了解其互動模式如何觸發暴力行為。以此了解，協助個案，在未來的數週盡量避免陷入相同互動模式及歷程，而導致暴力的產生，鼓勵其控制暴力行為；並同理其在此間的生活壓力，協助他降低壓力，改變內在語言，調整其低落情緒，產生較正向的自我概念及因應壓力方法。

(二) 評估其暴力的嚴重性及危險

1. 可使用危險評估量表（the Danger Assessment, DA）、衝突行為量表（the Conflict Tactics Scale, CTS）來評估其過去的暴力嚴重性與危險。

2. 評估未來暴力的可能性及危險性之要項包括：評估其過去的暴力史：過去是否有經驗暴力及目睹暴力的背景、過去曾發生之暴力行為為何（破壞對方物品、駕車衝撞對方、以自殺自傷為威脅）、過去暴力對象特質及觸發因素。

3. 評估其目前居住環境與暴力產生的相關因素。

(三)諮商員必須理解暴力循環及暴力形塑因子

理解一旦暴力產生後，容易形成暴力循環的現象：Walker（1979）曾提及親密關係暴力循環（cycle of violence）會有三個階段：(1) 當伴侶雙方互動，落入僵化問題衝突的型態，雙方容易對對方不滿意，關係容易進入經常性的爭執與衝突，此時為緊張形成期。(2) 在不斷爭執後，相對人無法控制其憤怒，產生嚴重暴力行為，進入爆發期。(3) 但相對人，往往在暴力之後，對受害者愧疚而會以道歉、送禮物等方式，來彌補其愧疚，而進入蜜月期；通常蜜月期後，兩人會有一段和好及平靜的生活，但其失功能的互動方式會引發雙方再度進入緊張期，緊張期後又因爭端經常並未解決，而進入暴力期，之後相對人又因愧疚而道歉和好；此循環會一直持續，循環中的張力亦會不斷升高，直到循環被阻斷為止。（Walker, L.E., The Battered Women. Michigan: Harper & Row, 1979）

(四)在進行晤談時，諮商員對相對人應有的概念化

1. 從父母型兒童到拯救者情結。

2. 從內在極度自卑到外在極度自戀。

3. 內在為邊緣性人格，外在為自戀表像（客體關係理論）。

4. 從目睹兒童（經驗暴力）到暴力的恐怖情人：從原生家庭學習到的一旦有爭執就使用暴力行為。

5. 從無法控制衝動到暴力循環。

(五) 治療方向

1. 先要打破暴力循環：Forward 與 Buck（1991），提出兩個步驟：第一：釐清相對人的暴力行為是經由，數個步驟形成的歷程，而逐漸形成的，一循環所產生，「衝突情境→產生偏差負面想法→產生憤怒情緒→產生暴力行為」；諮商員可帶領相對人理解其常面臨的衝突情境為何遇此情境容易勾起的自動化想法及情緒為何而如何形成了固定的循環模式，之後需帶領相對人逐漸改變此循環或脫離此循環；第二：協助相對者面對及意識其暴力行為的來源後，立即採用情緒假期（emotional vacation），請加害者主動與其伴侶分開一至兩週，並且提醒不與對方有任何的聯繫。

2. 聯結早期受暴經驗的創傷，如何促發在親密關係中的暴力。

3. 使用**女性主義治療法**，協助相對人控制其暴力行為：

   (1) 讓相對人了解其暴力行為對他人及自己都造成生、心理巨大且負向影響；

   (2) 建立相對人需對暴力行為負責的概念；

   (3) 探索原生家庭與暴力之關係；

   (4) 建立平等尊重的親密關係。

4. 使用 Emerge 方案作為處理架構：

   (1) 如前述先了解暴力循環如何形成與固著；(2) 加強內在控制；(3) 增加外在社會監督。

5. 以上的數個方案都強調，在治療過程中需結合認知行為療法與現實治療法的重點，來協助個案改變其行為。

❖第三章　辨識恐怖情人特質及其處理策略

　　如前述，近年來，校園內接二連三發生令人驚悚的凶殺事件：或因愛慕學妹而跟蹤騷擾多年，即使受害者報案，仍不收手，甚至演變成持刀加害學妹；或因校際間伴侶關係破裂，數度談判未果，進而潑酸兇殺，導致一人死亡、另一人重傷；亦或是開始時，熱烈追求而後卻是軟禁、施暴、性侵、恐嚇皆來，導致受害者身心崩潰；原先親密關係暴力較多是因情緒管控不佳，在盛怒之下，慣而出手，但近年來的多起親密關係暴力案件，逐漸演變為「若你不從我的意，不與我維持我希望的關係，那我就要你的命，玉石俱焚」。而所謂的恐怖情人，係指不僅是暴力行為而已，甚至有致命的危險；過去社會大眾總認為兇殘的命案是一些複雜的社會人士，施行導致，但近年來，即使在大學校園也頻頻發生令人慘不忍睹的命案，值得大學校園所有的人士關注與警惕。

　　筆者曾對一高學歷的恐怖情人，其對仍在校園實習的女友，當街砍殺47刀導致對方慘死，進行司法鑑定，從而了解這些恐怖情人的心態與特質，以下以本人的臨床經驗與資料分析來提醒諮商中心的工作人員，如何辨識恐怖情人以及在校園內可能的預防措施，避免這些最不幸的結局發生。

一、樣態

案例一

　　女同學與其同校男同學談論分手，男同學不滿，先是到女同學家縱火，後到校園內對其丟擲汽油彈，所幸被校安人員發現，才遏止這起暴力事件後續的發展。

案例二

　　男同學追求女同學時，極爲殷勤。但交往後不久，則常奪命連環 call
及在女友手機中下載安裝定位追蹤程式來控制其對方的行蹤，當女友感到
壓力，希望雙方保持距離時，一日回到住處時，發現此男同學，將其寵物
毛髮染成他色；女友此時心懷驚恐，欲談及分手，男同學則不時以自殺爲
威脅；兩人已屆畢業，男方甚至要求女方在其當兵時定期報備，女方及其
家屬不堪其擾，並心生畏懼，與校方商討後，採取在畢業當天，立即出國
遊學，讓男方完全無法掌握女方行蹤，數月後女方返國至他縣市居住工
作，後續再無發生男方騷擾女方的狀況。

二、恐怖情人之特質

　　以下的資訊緣由於筆者的臨床經驗及整理他人的資訊：

(一) 開始時，熱烈的追求：開始時追求的方式不擇手段，竭盡所能的投其
　　　所好，甚至超越其能力負擔的範圍購買貴重禮品餽贈對方；受追求者
　　　在初期，會爲其所謂的浪漫表現所感動，但久而久之，對追求者的高
　　　度投入情感，深覺束縛。

(二) 強烈的占有欲：當交往一陣子，就發現追求者有過度的掌控欲，並不
　　　時的表現出過度的嫉妒心，例如：對情人的穿著、行蹤非常在意，甚
　　　至會加以干涉。常對對方說：「你是我的人了！」、「你是屬於我的。」
　　　這一類的話，他把情人當成「禁臠」。

(三) 逐漸的展現其不穩之情緒：情緒起伏大，會爲小事發很大的脾氣，情
　　　緒常在兩極間擺盪，讓對方無所適從；情侶之間的小爭執，恐怖情人
　　　皆有很大的反應，甚至認爲對方在否定他的價值。

(四) 所有生命重心皆在對方身上：「一起」常爲日常生活的重要生活圭臬，
　　　衣著、行動、喜好、作息都要同步，完全不允許伴侶能夠與其分離或

個體化。

(五) 逐漸發展到全然控制：要隨時掌握伴侶的行蹤，並要求伴侶完全遵從其指示，當伴侶表達不同的意見或不從時，就視之為有欲分手的徵兆，會把分手視為背叛，不能忍受情人的離開；處處跟蹤監視。

(六) 將對方提及分手視為末日、天崩地裂，反應強烈：覺得無法再生存下去，開始時以自傷自殺為要脅，後逐漸發展出口出惡言、語帶威脅，破壞對方的物品，甚至開始輕微傷害伴侶的身體，進而聲明要潑硫酸或者殺死對方，兩造一起同歸於盡。

其餘，還有不少性別學者提及的恐怖情人特徵如下：

(一) 經常責怪對方：有暴力傾向的人通常是自我中心的，容易怪罪他人，認為每一件事都是別人的錯。這種想法造成他不會自省，只會一味地怪罪別人。

(二) 經常言語侮辱：言語的暴力通常是和肢體暴力緊緊綁在一起的。恐怖情人通常對女性充滿貶抑歧視，並會經常以不堪字眼辱罵女性。

(三) 過去及現在的暴力行為：處事或與人互動常用暴力解決問題，甚至被激怒後易有攻擊行為者，常用言語暴力、摔東西的方式來發洩怒氣、莫名其妙地遷怒於動物等。

(四) 非常自我中心，時常堅持己見、不容易妥協、喜歡控制別人。

以上的資訊引自王瑞琪。

三、諮商中心可以協助受害者／相對人處理的原則

(一) 協助個案與恐怖情人分手

諮商中心的諮商員，若聽及個案之伴侶對個案之威脅，已達到致命危險的程度，應該鼓勵個案與其恐怖情人分手，但分手亦可能是一個點燃恐怖情人極端手法的引信，因此需要提醒個案小心處理；多數性平學者提醒

受害者分手時需注意的事項包括：

1. 分手前需使用角色扮演、沙盤演練

(1) 想好分手的理由，理由盡量減少傷害性，包括不批評對方。

(2) 考慮對方的個性、兩人交往的深度，及對方可能的反應等，準備好自己說辭、態度和理由。

(3) 找朋友進行角色扮演，了解分手時對方可能會有的反應，並討論解決策略。

2. 選擇安全的分手情境

(1) 慎選談分手的時間和地點，盡量選擇白天及人多的地點。

(2) 告訴友人或家屬，你要談分手的「人、時、地、事、物」，及預定回來的時間。

(3) 注意自身安全，不要單獨赴會。

3. 和對方談分手時的態度

(1) 心存感謝：謝謝你曾經愛過我，預留將來相見的餘地。

(2) 祝福對方找到更合適的人，用溫柔敦厚的方式說再見。

4. 警覺對方的反應

(1) 若看見對方手拿物品、器械，切勿讓對方靠近你，並想辦法立即呼救或離開現場。

(2) 分手談判時，千萬不要以言語或行動激怒對方，讓對方有尊嚴的離開，比較能避免悲劇發生。提醒分手時，盡量低調！低調！再低調！

衛福部提出的安全分手五步驟

慎擇：謹慎選擇分手的時間地點
告知：告知友人並讓對方陪同
平靜：平靜提出分手訴求避免激怒對方
冷淡：分手後保持冷淡態度，避免後續牽扯
報案：若對方持續騷擾則報警處理

(二) 若分手後恐怖情人仍持續糾纏騷擾

當個案告知諮商員已與恐怖情人談過分手後，但對方仍持續糾纏騷擾，則諮商中心可協助個案的措施如下：

1. 提醒個案保留一段情感的空窗期：提醒個案雖與恐怖情人分手，需保留一段情感的空窗期，避免再與恐怖情人聯繫或牽扯，也不要有財務往來；同時也避免立即投入新的戀情，避免恐怖情人跟蹤、妒忌，而促發對方採用更極端手段。

2. 協助個案報警、聲請保護令：當對方在分手後持續騷擾時，可舉證向警方報案，並盡量避免單獨外出。

3. 鼓勵協助個案暫時休學：分手後盡量遠離恐怖情人可以追蹤及控制的場域，若持續被對方騷擾，仍短期辦理休學或出國遊學也是一種選項，同時避免出沒於過去兩人熟悉的環境場所。

(三) 提醒受害人分手後的調適

受害人在分手後，即應保持一段情感的空窗期，此時，也許較為寂寞，諮商員因此鼓勵個案積極尋求家人及朋友支持，維持生活規律，勿需責備自己曾經選擇一段錯誤的情感，同時也避免用是否能維繫情感關係來衡量自我價值，因而陷入憂鬱情緒。

(四) 提醒相對人分手時需注意事項

若相對人在分手前，也願意進到諮商中心，諮商員在協助雙方分手

時，可提醒相對人該注意的事項如下：

1. 教育相對人分手情境：不傷害對方、讓自己安全，慎選談分手的時間和地點。

2. 告訴好友，相對人要談分手的「人、時、地、事、物」，及預定回來的時間；若超過時間請好友務必聯絡，如果可能，煩請好友陪同前往討論分手。

3. 當天避免攜帶任何物品，特別是危險的器械及避免飲酒。

4. 分手談判，若被拒絕時，盡速以幽默及有尊嚴的方式離開現場，較能避免衝突與衝動發生。

(五) 提醒相對人分手後的調適

鼓勵相對人在分手後，持續前來諮商中心接受晤談，諮商員在晤談中，可協助的策略有以下數點：

1. 協助相對人，學習接受被說「不」，並闡述：相對人有權利追求他人，他人亦有權利拒絕；但被拒絕時，不必傷害對方以挽救自己的自尊；學習以幽默且尊嚴的態度被拒絕。

2. 學習當沮喪時的認知修正為：分手是對方的損失而非自己的損失，「自我肯定」的方式總比「攻擊」的方式，更健康與更有尊嚴。

3. 多參與家人及朋友的活動；維持生活規律；密切注意自己的情緒狀態，當有沮喪或憤怒的情緒時，可進行分散注意力活動。

4. 盡量找友人、諮商員傾訴自己寂寞與憤怒的情懷。

5. 諮商員提醒相對人「獨立的人可能需要愛情，但不依賴愛情」，自我價值亦非全然可用感情關係來衡量。

以上部分文字參考晏涵文、王瑞琪撰寫之《性、兩性關係與性教育》（2004）。

第十一篇　校園心理師職務所造成的衝擊、危險與調適

❖第一章　校園危機個案處理對心理師的衝擊

前面的三個篇章，筆者提及到這些年，大專校園文化丕變，諮商中心處理的業務，越來越多是趨向三級預防，甚至不能說是「預防」，而更多的是危機處理，從精神疾病，自傷／自殺到性騷／性侵，甚至暴力他人；諮商師的工作漸漸的從僅需在諮商室內聆聽個案的困擾，轉變為除了在諮商室晤談外，還經常性的需要外出介入及處理個案緊急狀況，這樣的轉型對諮商心理師又造成什麼衝擊及影響呢？

一、造成心理師印象深刻與衝擊之危機個案類型

筆者在 2012 年，與同事王沂釗、學生廖得安，曾以深度訪談的方法，探索 8 位在大學諮商中心任職之心理師，其過去兩年所接觸的危機個案經驗，讓他們述說印象最深刻及強烈衝擊的危機案件，這些心理師分享了 29 件，這些案件多屬危及生命安全的緊急事件，如自殺身亡、自殺意圖極為強烈、暴力攻擊、精神疾病等類型，亦即本書的第八、九、十篇章，提及的危機個案問題，這類問題其多有重疊或共病性，個案可能同時具有精神疾病、自殺／自傷傾向或暴力行為等。

前述篇章中，處理這些印象深刻的危機案例，確實是帶給校園的諮商師壓力與衝擊，並造成他們的身心不適，甚至出現替代性創傷，而產生專業耗竭的現象：如在處理思覺失調症個案，由於個案經常有脫序行為，使

得處理的心理師需不停動用資源來處理其失控行為，亦需時時擔心他／她們對他人會造成傷害與威脅，而倍感疲憊。而在處理自殺及傷害他人的個案時，又因有生命危險的急迫性，使得心理師亦承擔極大的心理壓力；更常因缺少校內其他同仁的橫向連結與支持，以致無所適從，而倍感孤單。亦有因學生不願離開暴力家庭，使諮商師陷於到底是要尊重個案自主，或先顧慮其安全而面臨兩難；以上種種皆讓校園諮商師心力交瘁。

二、印象深刻與衝擊的案件類型與特徵

筆者在前述研究中，將受訪的諮商師，以 A、B、C、D……編號，整理他／她們分享的印象深刻的危機個案其內容特徵，分成以下數個類型：

(一) 個案反覆出現企圖自殺／傷徵兆，心理師總是必須繃緊精神陪伴個案

全體受訪者分享的 29 件案例中，其中有 13 件是個案曾多次表達自殺／傷的企圖或行為，其危險的情況令所有心理師皆時時擔憂，並要立即處理這些個案的高壓力的情緒：

「他在老師跟家長面前表達出多次自殺念頭，他也真的有去做，他有燒炭過，在家裡燒但是被救回來……，後來自殺送醫住院治療一段時間，他出院之後也是反反覆覆……我可以感覺到我的主管都很擔心。」（C082）

「他一直頻繁的發生，自殺／傷多次，他高峰期的時候就每一個晚上都會（發病），所以我們的工作人員都會處於一個緊張的狀態，壓力很高張……很害怕會失去他。」（A105）

(二)危機事件須急迫處理，否則攸關生死，造成諮商師龐大壓力

如前述有明確自殺動作者，心理師須放下手邊事物立即介入，若處理不當或延遲，則可能造成個案之生死，這種攸關他人生命之工作性質，造成心理師龐大之壓力。如受訪者 C 提及一個案為在職護士，在情緒失控下說出準備已久的自殺計畫，因自殺計畫之具體，C 須在極短時間內做危險評估、聯絡導師、並陪同就醫，搶救其生命等工作，而感到沉重威脅，稍有不慎恐危及生命安危。

另一位個案經常以自殺威脅家長，並在某次晤談時透露欲跳樓自殺之計畫，受訪者 C 評估為高度危險且擔憂個案有確切行動的可能，故隨即通報師長、家屬及醫療單位等，其處理過程中既緊張又疲累：

「那次事件就是她已經寫好遺囑，她也確定就是要活到今天，那我們是在評估這個危機的低中高指數，她工具也都準備了嘛，就是我們學校頂樓，她都知道怎麼走，時間點也都確定了，那我們就是要通報嘛……」（C067）

「結果好不容易聯絡上他父親來了，然後我們主任、我、教官、系主任、導師也都來了，也對於這樣，因為從開學以來對於這樣不斷的、不斷的大家都太累了，學校沒有辦法去承擔她這個危機……」（C074）

(三)面對個案死亡事實，諮商師既痛苦又不解

當心理師與個案維持一段諮商關係後，個案仍選擇自殺身亡，經常帶給心理師 D、G 巨大之衝擊，難以理解個案死因，並對自身的專業能力有所質疑，如：「一年後聽到他自殺，真的走了，這個我比較難過，覺得奇怪，為什麼一定要這個樣子……」（G048）、「花了好長一段時間在了

解，一個心理師在面對個案的自殺跟死亡這件事，該怎麼自處？那陣子對我來講也是一個很大的衝擊，所以也是一個滿辛苦的過程。」（D055）

(四) 個案未來仍有遭受暴力之可能，諮商師須時時擔心個案的安危

有些案件如親密關係暴力及家暴等，其危險情況仍可能持續發生而令人擔憂。如受訪者 D 表示因為無法掌握個案在寒暑假的情況，會時時擔心其安全：

> 「我們很擔心她持續被 abuse。」（D132）

即使心理師能敏察個案受家暴的危險並進行通報，若個案未受到立即的安全保護，仍會造成心理師的壓力：

> 「雖然我們都已經通報，但還是會覺得她的安危是值得擔憂的……」
> （F051）

(五) 每次的處理均動用大量資源，致心理師感到耗竭

六位受訪者（A、B、C、D、F、H）提到其近半數的危機個案（共 11 例）在長期處遇過程中，因病情多不穩定，致經常消耗大量資源。如受訪者 H 之精神分裂症個案，因無病識感，且病況反覆產生脫序行為，如翻垃圾桶，或執著出校門流浪等，使受訪者必須耗費大量心力連結醫療體系、校園體系及家庭支持系統等：

> 「通常為家屬較多的不配合，覺得是學校的問題時，學生也常較無病識感，無法用適合方式介入，又頻頻發生狀況時，處理上較為困難」（H074）

　　受訪者 D 也提到一位女性個案，在學期間反覆出現解離狀態，但因體重逾一百公斤，常需醫護單位協助送醫，然其母拒絕個案休學、不配合治療，致不斷消耗學校、醫療資源：

　　「（個案）會處在一個 arousal 很高的一個狀態，她會全身顫抖，然後有時真的會亂講話、會尖叫這樣子，所以我們只好叫計程車，送急診室 …… 一年來都這樣子 …… 可是媽媽又堅持不休學 …… 她（個案）都硬撐著來學校 …… 然後突然間在路上就倒下來，就通報，通報我們就過去，就再叫媽媽來，一年來就這樣反覆。」（D066）

(六) 個案操弄諮商關係並挑戰關係界限，使心理師感到棘手

　　受訪者 B 提到他的一位個案常以個人宗教觀點（佛教）挑戰其生命價值觀，並強逼心理師與其辯論為何個人不能自行決定自己的生死，致使受訪者 B 難以釐清晤談的焦點，經常在是否該尊重個案價值觀或維護個案生命安全間，左右為難：

　　「他會用他的思考跟邏輯去跟你辯論，想辦法挑戰你 …… 我的困難是在於說他的想法很僵化，沒有辦法鬆動 …… 」（B088）

　　受訪者 E 之個案，常以心情不適為由而至諮商中心，既不去上課亦無諮商意願，對此種操弄諮商關係之行為，受訪者 E 深感困擾：

　　「…… 她們只要一覺得不舒服，就會跑來（輔導室），我會覺得操弄的味道很重的，那的確我也覺得我不喜歡被操弄的感覺 …… 」（E072）

(七) 危機事件之暴力本質，即刻威脅心理師及他人之人身安全

　　心理師對於部分衝動控制不佳或併有精神疾病之個案，常因其激躁情緒所引發之暴力行為感到恐懼，即使如此，仍需維護個人及他人之安全，對心理師而言這是雙重壓力，如：

　　「他就在諮商中心摔東西啊，摔椅子什麼的，我們差一點全部的人都被他攻擊⋯⋯」（B122）

　　「只剩下我一個在外面被個案抓住，就這樣僵持了半小時⋯⋯我頭一次感受到死亡在我附近！」（D091）

　　以身為個管員之受訪者 A 介入一個個案為例，在晤談時個案因不滿其心理師之批評，在晤談室中與該心理師發生口角，甚至揚言將傷害系上師長及同學，心理師按鈴要求受訪者 A 介入處理：

　　「（個案）威脅要傷害別人、傷害主任或是助教，系上的誰之類的⋯⋯他在最後也有威脅我，說要去跟校長告發這件事。」（A070）

　　「⋯⋯他們在裡面發生了一些對彼此的攻擊，裡面有很多的指控⋯⋯那他（心理師）要我進去仲裁，且他會試著要聯盟，我其實是邊講邊發抖，直到有人端了一杯茶我才發現我自己的身體在抖。」（A067）

　　「⋯⋯心理師在裡面跟他槓起來⋯⋯我覺得在那個過程中⋯⋯就像是見證了一場暴力，就像是諮商室裡面的風暴⋯⋯」（A065）

該諮商師試著結盟 A 應對個案，但被結盟者壓力極大，深怕再度引發爭端，除了擔心自身言論加重心理師與個案的緊張關係，亦要擔心個案情緒失控危害他人安全，以及面對個案可能的控訴而倍感壓力：「…… 我如果沒有謹慎處理 …… 我會再引發另一個爆點，就像踩在薄冰上，個案也說他有看出來那個心理師想要跟我聯盟。」（A068）

三、校園心理師也確實會遭遇到暴力

校園心理師不僅在處理危機個案時，會遭受身心俱疲的狀況，同時，前述心理師 A、B、D 也直接遭受案主暴力的威脅，又從筆者的 2014 研究 —— 心理師遭遇案主暴力狀況之調查研究，的確發現心理師在執行業務時，會遭受到暴力攻擊。筆者與同事王沂釗、劉効樺，曾在 2014 年，以具臨床或諮商心理師證照者為研究對象，了解他們在過去兩年遭受案主暴力的情況，研究工具為自編之心理師面臨案主暴力及預防策略問卷、替代性創傷傾向量表及自我照顧量表，共回收有效問卷 130 份，其中臨床心理師 53 份，諮商師 77 份，其結果發現：(1) 過去二年中近半數心理師曾遭受過案主暴力，且醫院之臨床心理師受暴比例及風險較諮商心理師高；(2) 醫院發生暴力情形雖較多，但多數心理師仍認為學校及社區為高風險執業場所；(3) 而暴力個案多因情感問題造成情緒失控、精神疾病症狀發作，而對心理師施以暴力。

在前述 130 份填答問卷心理師中，60 名表示曾實際經歷案主暴力事件的心理師，表示暴力案件總計共有 107 件以上，其中 51 位心理師曾（占 85%）遭遇 1～2 件暴力案件，其餘 15% 之心理師遭受 2 件以上之多重暴力案件，其中 3 位（5%）之心理師（皆為女性）曾遭遇 5 件以上之暴力案件；二位為醫院執業之臨床心理師，主要遭受語言暴力，另一位在學校執業之諮商師，主要遭受性侵／騷擾暴力。

填答問卷的諮商師中，有其中 36 位曾遭受暴力攻擊，其中有 28 位的工作場域是在校園，這 28 位中，有 15 位遭受語言威脅，7 位遭受到性騷擾，5 位遭受到身體攻擊，1 位有財物損害。

❖第二章　心理師在處理危機個案或遭受暴力後的身心變化與調適

在長期處理危機個案或遭受個案暴力攻擊後，諮商師的身心會產生什麼變化呢？

一、長期處理危機個案的壓力導致身心不適甚至出現替代性創傷的負面影響

受到危機事件的衝擊及精神耗竭後，筆者前述研究中受訪的諮商師提及逐漸出現身心不適的負向影響，如受訪者 CDF 覺察個人免疫系統下降，身體健康狀況變差或情緒低落：

「我到處都是病，突發性耳聾、聲帶萎縮、子宮內膜易位症、直腸腺瘤……」（C197）

「沒有辦法恢復的是身體，對，譬如說抵抗力變弱，然後輕輕的感冒就顏面神經失調啊，或是麻痺……」（D211）

「我也會開始覺得有些無力感……」（F046）

受訪者 D 提及在第一次面對個案自殺死亡時，對無力協助個案的痛苦與困境感到內疚，在接受督導及參加工作坊後，D 了解該如何自處以及

面對個案死亡，但每每回想時仍會因自殺本質而感到衝擊：

「……自殺行為本身還是會有一些震撼力……當我去談自殺的時候，都會想到他們一些畫面，譬如說他露出很多傷痕，然後就一道一道的那種感覺……」（D057）

D更提到在個案自殺身亡及被個案挾持的恐懼與衝擊尚未消泯前，仍須參與個案討論及後續處置工作，如強制治療、學業輔導等，使其長期處於壓力狀態而產生類似創傷後壓力症候群之心理反應：

「那一陣子的作息都改變了……起床會有種空虛感，有一點創傷的感覺……」（D095）

二、危機事件處理後之調適

幸好諮商師們身為心理健康維護人員，多能在高壓、或在處理危機個案後，進行調適的方式，如下：

(一) 接受督導、與同儕討論

三位受訪者（A、B、F）指出在處理危機事件後和督導、同儕一齊協助與討論，是他們日後仍能繼續從事這項工作之主要動力；透過定期督導及工作坊的參與不僅能相互交流、學習，亦可獲得他人的關心與支持，並避免孤單之感覺，讓他們能再度回到日常工作。如：

「在實習的時候老師有組一個同儕督導的團體……對方的回饋還可以幫助去看到有一些重要但被卡住的點，那是幫助我在高壓的環境下可以

面對的團體支持。」（A156）

　　「中部地區的心理師組一個類似同儕的讀書會，有時候就會討論一下我們的工作上業務的狀況，有時也討論個案的狀況，有時候也交流一些書籍這樣，類似同儕督導。」（B181）

　　「因為他們也處在這樣的狀態，所以大家就是互相支持了解，那我也有些導師們可以問，我就覺得我不是孤單自己在面對⋯⋯」（F196）

(二)轉換思緒、重新檢視諮商工作的價值

　　危機事件雖對心理師造成情緒上的衝擊，但受訪者 D、F 提及雖在處理中感到挫折，但仍能藉此反思諮商專業工作的意義，而獲得個人成長：

　　「⋯⋯ 當下真的都會很想要放棄，就是說算了不要做了。可是，後來慢慢其實我會去思考的是這份工作的價值，跟有沒有可能可以把這份工作做得更好的方法⋯⋯」（D210）

　　「其實這些事情很複雜，可是慢慢我自己也在裡面，我就覺得其實是一個很正向的工作⋯⋯」（F159）

(三) 從危機中汲取處理經驗

　　心理師逐漸熟悉危機個案之處理流程後也有所學習，三位（如BGF）提到這些經驗反而能提升他們對危機之敏感度：

　　「我自己也是因為這些個案的關係一直去看課本、看書之類的，去看

有什麼樣的治療方法，可以短時間內讓他們把情緒安撫下來……」（B120）

對經常企圖自殺等高難度個案，五位受訪者（A、B、C、D、G）亦表示，在督導或經驗累積下，漸能得心應手的處理：

「我的接案量一個禮拜最多可以到 15 個（自殺／傷個案），其實也是超量，但是當時督導給的支持很夠，我們都會密切討論那些環節……」（A088）

「我現在手上就譬如是憂鬱症，會反覆割腕，像這一類的學生我比較會處理到知道可以怎麼處理了……因為其實我一進來就開始接了幾個那種反覆割腕的學生這樣子，所以後來慢慢的我比較知道如何跟同學互動……」（D157）

三、心理師的自我照顧行為是調適替代性創傷的重要因素

筆者在本篇中提及，曾以 130 位遭受暴力的心理師之資料，使用不同背景變項，如：是否經歷暴力、證照別、執業場域、畢業系所、是否曾尋求督導等，來了解這些變項是否會對自我照顧或是是否會形成替代性創傷可能造成差異。

研究結果顯示，在自我照顧行為的分析上，的確這些變項會造成心理師自我照顧行為之差異，例如：曾受暴力之心理師中，諮商師比臨床師的自我照顧行為較多；而學校執業的心理師又比在社區執業、醫院執業的心理師的自我照顧為高；諮輔所畢業者也比臨床心理所者更習慣自我照顧。此外，在遭受暴力時，曾被施暴者使用工具攻擊的心理師也會更積極的自我照顧；心理師事後有尋求督導協助者，亦顯示其自我照顧行為較佳。但

有趣的是，這些變項和心理師是否會得替代性創傷較無關聯。

另方面，上述研究結果也顯示心理師的自我照顧能否減緩替代性創傷的形成，兩者間也有顯著相關（$r = .503, p = .000$），筆者更以是否經歷案主暴力、自我照顧行為的多寡為依變項，來了解這些變項對替代性創傷程度高低的影響力，並進行逐步迴歸分析，結果顯示：其中自我照顧最具有顯著的解釋力，其預測模式之解釋力達顯著（$F = 19.61, p < .001$），亦即心理師採取較積極性的自我照顧行為，愈能減緩替代性創傷的形成，其影響力達到 R^2 為 .24，即可解釋 24% 的變異量。

	未標準化係數		標準化係數	t值
	B之估計值	標準誤	Beta分配	
常數	25.69	8.53		3.01**
自我照顧	.44	.07	.50	6.26***
是否經歷	-.17	3.55	-.004	.05
整體模型	R^2 =.50, 調過後之R^2=.24, F=19.61***			

$**p < .01, ***p < .001$

表四　是否經歷暴力、自我照顧情形與替代性創傷經驗之迴歸分析

第十二篇
諮商專業的困境與解決之道

　　回顧上述篇章及筆者研究之結果，皆提及現今在大專院校工作之心理師，因需處理危及安全、生死攸關的危機個案，而使得她／他們產生前所未有的壓力與衝擊，甚至影響到自身的身心健康；造成這種現象，不只是因為前面所提及的個案性質丕變造成的，也有些是來自目前諮商專業仍有未解決的困境。

　　其中，有來自如 2004 年麥麗蓉、蔡秀玲一文曾所提及的困境，如個案與家長的抗拒、心理師人身安全受威脅等；筆者在研究中，亦發現其他新興的困境：(1) 雖然心理專業已逐漸被看重，然近年來多數學校卻以「心理諮商為心理師之專業工作」為由，反將危機個案的處理推諉心理師一人及諮商中心獨立完成；(2) 而大學校園危機事件處理時的 SOP 不明確及橫向連結之困難，皆使得學校心理師在危機事件時倍感困頓；(3) 此外，現今國內大學諮商中心容易受限於新精神衛生法修訂之條文（精神衛生法，2007），當事人病況反覆發作，但因有拒絕強制送醫之權利，反而造成校園心理師於危機當下之無法處理，此亦為過去校園處理危機個案時較不常面臨之困境。

❖第一章　諮商專業仍待解決的困境

　　以下整理諮商師在校園裡工作時常面臨的困難，分為行政制度與實務操作兩層面來討論：

一、從行政制度面來看，在校園工作之困境

(一) 學校未制定處理危機個案的明確流程與程序

1.上級單位未給予明確流程或處理焦點，致使心理師倍感無助

除一位受訪者（D）提到服務單位在個案管理方面，對於學生的問題訂有五個危機層級：「此事件是否會成爲危機事件？」、「問題是否可以控制？」、「個案是否需要心理師介入？」、「近期是否可能會發生危險？」、「個案是否正在進行危險行爲？」及明確的 SOP 外，其餘五位受訪者（B、C、E、G、F）提到在處理危機案件時，皆表示因爲沒明確之處理流程，且諮商中心主任也未予明確的指示，受訪者服務之學校多未訂有清楚明確的處理流程，致使他們常覺無所適從：

「（主任）也不太關心我們在做些什麼，最低的期待就是不要有人死掉，不要上媒體，所以怎樣把自殺這一類個案把他們 hold 住，是我們基本的責任。」（B085）

受訪者 E 表示中心主任要求其介入一疑似性騷擾之個案，卻未提供詳細的事件原委等資訊，亦未告知轉介目的，致其感到處遇困難。

「我也有跟主任說，我沒有一個明確的東西（流程），我不曉得該怎麼辦……」（E146）

2.冗長的後續處置，使心理師工作負荷倍增，無法維持日常作息

危機發生時，負責接案的心理師須暫緩手邊工作，以處理危機個案爲優先，無暇顧及例行業務與其身體狀況：

「一整天沒吃飯沒喝水，然後我還要打一整個流程（指行政紀錄），我那天晚上 9 點才回家，一個個案搞我 12 小時，那我所有的工作都停擺……」（C117）

「……一整天回來很累很累，錄口供的過程一直反覆問，那個被問的過程真的很不舒服……」（D094）

　　而在危機處理期間，心理師除要和校內各個單位聯繫，之後還需為個案發展安全計畫、撰寫書面報告及長期追蹤關懷，繁複的工作耗費其大量時間及精力：

「……先跟同事講，再跟組長、學務長講，然後再跟導師講，會約一個時間跟主任一起開會，視情況決定要不要請醫生一起來，如果需要請他的話就會排他晤談的時間，討論時有時候會約家長，但家長會約在開會的後半段……」（G086）

3.受制於醫療法令，心理師難以掌握就醫時機

　　現行精神衛生法第四十一條（2007）規定，即使已有自／他傷之嚴重病人，仍須經其同意才可進行住院治療，若病人拒絕接受，須經醫師鑑定及申請程序方能強制就醫，故諮商師常礙於個案拒絕或專業人員無法即時在場而延誤處理時機，如：

「救護車來說，沒有警察跟里長，我們不能夠抬她（個案），後來我們攙扶讓她上車，到醫院醫師同意讓她留院……」（C074）

「社區衛生局的處理流程讓我很不舒服,譬如說我們叫救護車來,他(救護車司機)堅持一定要等待,等待衛生局的一位專業人員來評估才能上車……」(D070)

(二)校園心理師人力不足,專任行政負擔重,缺乏有效的運作

1.諮商中心主任缺乏危機處理知能,難發揮指導、協調之責

有六位受訪者(B、C、E、F、G、H)提到所屬之諮商中心主任未具心理相關專業背景,無法理解危機事件的危險及處理的特殊性,亦未能協助連結校內系統,致心理師背負所有風險與沉重壓力,如:

「第一時間應該是長官要接到訊息,就分配好誰誰誰去哪裡、做什麼,應該是長官在指示我們做,可是通常不是這樣子的……」(G038)

類似的情況也發生在受訪者 C 身上,她在夜間接到一位情緒混亂、有計畫自殺,須緊急送醫的個案,回報主管後卻得不到任何的指示與支持,而僅能憑個人處理經驗做立即的處置,並對不了解後續追蹤、個案討論會之重要性的主管,感到憤怒與無力。

「……主管看一眼說:『喔,是這樣喔,辛苦你了,那等一下麻煩你送她去醫院,我有事就先走了。』我當下真的是想罵人,實習心理師問我現在該怎麼辦,我就說你聯絡導師請她到某某醫院,我則聯絡我們的醫師,然後我就跟她(個案)說我載妳去醫院好嗎?」(C145)

「我說可不可以把接下來會遇到的老師找來開個說明會,把事情全部一次講完?學務長說不需要……我的主管說學務長說不要就不要……主

管他不召開會議就是我最痛恨的一件事！」（C129）

2.校內各單位角色分工及責任劃分不清，使諮商中心無後方支援

因組織欠缺明確的處理流程及橫向連結，處理危機個案常需由諮商中心獨立完成，造成諮商師龐大之身心壓力，如：

「一個學生要從樓頂跳下來，總教官看到耶！跟我說，上來處理一下，有沒有搞錯啊！你是一線我是二線耶！」（C147）

「我們學校的橫向連結不會很好，好像（危機個案）進來就變成我們處室要處理的事。」（E038）

「這個辦法在我們學校訂出來之後就形同虛設，因為大家覺得訂出來那是你要做的……其他單位會覺得不需要配合……」（B155）

受訪者 B 因而建議校方明訂各處事之職責，如：導師平時關注個案一般狀況、心理師進行輔導與危機介入、教官平時協助生活事務，便可降低危機發生率及減輕心理師的壓力。

二、從實務面來談困境

(一)心理師常因須立即通報而無法進行知後同意，致諮商關係困頓

心理師對於具威脅個人及他人生命安全之個案有通報責任，如知會家長及導師協助，但又往往因危機性質，使心理師須立即介入而未能及時告知個案保密的限制，使個案對諮商關係不信任，致後續處遇困難。如受訪者 B 之個案認為心理師未保守秘密讓許多師長知道其狀況，而拒絕繼續

進入諮商關係：

「一般而言，個案進入諮商時，我們的知後同意書就會去說明保密的例外……他是在危機的時候就直接進來，他危機的狀況一定要通報給很多人，他就沒有經歷過這一段說明的過程，前面的部分沒有參與到，後面我們在講的時候就破壞信任感……」（B089）

(二) 心理師專業角色定位模糊造成處遇困難且易遭操弄諮商關係

心理師在介入危機案件時可能同時扮演多重角色，如：心理師、個管員、教師等，其專業角色的定位不明確易造成處遇困難。如受訪者 E 同時為多次自傷個案之任課教師及心理輔導員，在處理個案問題有時不知應以何種角色身分對個案要求，致使其產生角色衝突：

「……（在課堂上）我在跟你（指個案）互動的時候……就不能像在諮商那樣子……依照你的腳步走，或者是你想去哪裡就去哪裡（指諮商方向），（在危機處理時）我可能會有進度，或我可能會期待你要有什麼標準……我覺得會有這個（角色混淆的）困難……」（E069）

「……她可能在課堂就會直接擺臉色給我看，譬如說她就是不上課，她在做她的事情，我請她要回到課堂上的時候，她就會譬如『你幹嘛管我！』之類的……遇到這個學生的時候，我會覺得好像這個雙重關係的衝突，就跑出來了。」（E070）

又如受訪者 F 初期在處理校園性騷擾個案時，因同時接觸加／受害者雙方，不知自己是心理師抑或是仲裁者角色，也不知焦點該放哪：

「…… 一開始我是接觸兩方，我們也沒其他心理師及兼任的輔導老師，所以變成我在那時的角色有些亂……」（F037）

(三) 缺乏個案家庭合作支持，心理師亦難改變個案現況

許多受訪者提及，個案明顯的罹患了精神疾病，但常因家長的否認與不面對，致使心理師無法協助個案就醫及得到較好的醫療照顧：

「家長不覺得他的兒子要去看醫生…… 之後很明顯的變成重鬱症，可是她媽媽一開始沒有辦法接受，所以我的困難就是家長也不能跟我們合作的時候很麻煩。」（B107）

「…… 家長其實都姑息，就是明明知道這個孩子有妄想，可是會說是孩子年輕不懂事，隨便亂講……」（D124）

如前段談及之諮商專業困境，欲改善校園諮商工作的層級，就需要解決在校園中行政制度之困境，並建立學校輔導諮商專業的工作團隊，才能提供學生專業協助與保障大專院校諮商輔導工作的品質，得以符合現今諮商專業新脈動，以下筆者整理八位受訪者的回應及自己的經驗，認為提升之道可以分為以下二方面：

❖第二章 從危機中看見諮商專業在校園行政制度面需盡速解決部分

一、應盡速擬訂各類型危機之處理通報流程明確的 SOP，釐清各單位角色分工是刻不容緩的工作，並賴有專業知能／證照之諮商中心主管指導，發揮團隊合作力量

　　五位受訪者（B、C、E、F、G）表示其服務學校雖訂有危機處理 SOP，但已制定過久不合現況使用（受訪者 B）；而受訪者 B、C 及 F 其服務學校之諮商中心僅有一位心理師，在危機案件發生時常不熟悉如何和相關的橫向單位合作處理；希望學校應於危機事件後進行檢討，召集不同單位之相關人員檢視 SOP 之疏漏，依各單位之業務特性提供修改意見，以釐清各單位的角色及分工：

　　「那個架構已經是很久以前訂出來的，我覺得根本需要重修，但現在修訂的過程又遇到一些問題就很麻煩，修訂過程要經過一些委員會的通過。」（B154）

　　「訂 SOP 的話，應該要有不同的單位來一起討論，在這個危機處理裡面各單位要做哪些事情，而不是只有諮商輔導中心來定……」（B188）

　　甚至有些學校的 SOP 流於形式，需由心理師在實務工作中自行想辦法摸索處理流程（受訪者 E、F），完全缺少其他單位的認同及協助：

　　「我們其實沒有到一個很明確的制度，但是我們學校其實是有一個計畫譬如說針對學生如果有自殺的狀況，或者是憂鬱，我不知道那個計畫是誰訂出來，但是我看到過，就是什麼校園……有點自殺意念，或是憂鬱

那種高危險群所以到後來就變成，好像進來就變成我們處室還是做自己處室的東西……」（E038）

「我們有一個 SOP，但都是官方話，所以就是表面效度。」（C194）

相較之下，若學校有訂定明確或些微清楚的危機處理流程，可以彰顯出明確的流程有助於橫向系統的合作，減少諮商師處理危機個案時的困惑，如受訪者（ADH）提到：

「我們的 SOP 應該比較是危機的個案、特殊的個案、一般的個案，那在他進來的時候就會先評估他是哪一種等級，那處遇的部分就會不同……」（A130）

「如果自己遇到因為是自傷嘛，就會通知教官、護理師，請工讀生詢問了解同學的情形。中期會和老師教官助教一起關切討論解決方案，安排後續會談。後期就將事件縮回自身處理，可能持續追蹤然後避免讓很多人聚焦於此……」（H060）

而有些大學諮商中心主管未具心理專業背景、對於學校輔導及三級預防工作的規劃陌生、從事太多非輔導或心理專業工作、或難以溝通反增加諮商師的負荷（許雅惠，2011；麥麗蓉，2003），以致危機處理時常無助於個案的處理，也未能發揮行政管理的效能，經常產生外行指揮內行的狀況，時而不尊重諮商專業者之建議與處置，或將責任推由年輕心理師承擔。此現象多年來不斷重演，故本書仍大力疾呼，建議教育部應盡速協助各校制定相關處理流程及應配合之單位與人員，並規範諮商中心主任須具

心理師證照者擔任，以避免上述之狀況。

　　上述研究中幾件案例處理對心理師造成身心的衝擊，多源於缺乏明確
SOP 指引或演練，使許多校園危機事件大量耗費諮商中心及校內人力與
資源，除安撫受創學生情緒外，並窮於應付家長、媒體、主管機關等校外
系統之關切，導致更多的混亂與傷害。因此，具體的 SOP 則能有效指引
相關人員做必要的安排、管理及處置，亦有助於心理師採用正確的危機評
估程序、分辨各個不同的危機類型，採取後續通報或送醫，降低危機之衝
擊。

二、主動與其他單位交流，提升非專業人員對危機處理的認識

　　前述已說明，心理師在危機處理時最大困境是和其他單位的橫向連
結，其困難在其他單位或學校高層常以「心理諮商專業已證照化，他人不
適合插手」為藉口，認為危機個案皆應由諮商中心處理：

　　「他們的恐懼是在於說他們不是專業的人員，沒有受過這方面的訓
練，所以他們一股腦就會想要丟給我們……」（B190）

　　因此要增加學校主管對心理專業工作的理解，提升各單位對諮商中心
的認識，並建立各處室的連結，是刻不容緩的工作：

　　「第一就是要先讓學校各個單位知道學校輔導中心可以做些什麼？還
有各單位在處理危機事件的時候應該扮演怎樣的角色？」（B188）

　　「……有（些）系上一直不太動，但常發生狀況，那我們就會去問
系務會議是什麼時候，有必要我們可以去說明跟教育……」（A120）

　　再者，有些心理師（A、G）也反省到心理師本身須經常性的以淺顯易懂之語言，轉述專業訊息給校內危機處理相關人員，增加他們對處理流程及技術之認識，並相互支持：

　　「有危機個案的時候，我們就會親自去跟他（學務長）說明，讓他知道我們做了些什麼東西，他會慢慢相信我們做的處理，會在行政會議上面直接請多協助我們，有了一些好的循環……」（A118）

　　「之前也剛好有機會讓我們與生輔組或教官有些連繫，常常會對學生的情況有些討論，我們跟教官也有某種關係上的建立，所以他們在協助部分就蠻積極的……」（G064）

　　從受訪者分享案例可知，一旦發生這類危機事件，心理師不僅面臨迫切的危險，亦須和導師、學校其他單位協調、聯繫家長並面對繁複的調查、檢討等，易使心理師感受到心力交瘁的困境；也在在顯示團隊合作、相互支援於校園危機事件處理歷程中的重要性。

三、校園危機個案日漸複雜，學校及諮商中心須重視心理師個人身心調適、安全保護

　　從受訪者分享之案例，可以了解近年來校園危機案件性質複雜，致諮商師工作量大幅增加，且易受到情緒衝動的個案攻擊，致身心受到衝擊而出現替代性創的反應（Arthur, Brende, & Quiroz, 2003；Pearlman & Saakvitne, 1995）。由於心理師長期處理困難個案，平日要扮演個案管理員、行政聯繫者及心理衛教者等工作角色，一旦發生危機事件時，不僅須立即接手處理，也因角色多重，還需承受非專業之上司及同事提及之非專

業建議，集龐大壓力於一身，造成心理師身心常有不堪負荷之現象，反而無法專注於危機處理，甚至使其身心適應及精神狀況常受衝擊，在長期未見改善的困擾情況下，漸漸產生離職的想法。

因此，學校高層及行政主管須重視這些易造成心理師安全威脅、工作倦怠或耗竭的現象，參考相關研究（黃秀雅，2007；G. Corey 、M. S. Corey & Callanan, 2011；Pearlman & MacIan, 1995），應在平時注意校園及諮商中心的安全保護措施，在危機事件發生後，能立即關切心理師的調適情形並予關懷支持、調配足夠人力資源或調整工作業務，給予心理師適當支援使其得以妥善處理個案的困境，減少危機事件的衝擊而能維持專業效能及身心和諧。

❖第三章　從危機中看見校園諮商專業仍需繼續加強訓練的面向

一、加強對精神疾病、精神藥物之認識

研究者整理所有訪談內容發現，在過去學碩士訓練中的不足，影響實務處遇之效能；七位（A、B、C、D、E、G、H）受訪者一致認為在過去專業學習中，對精神疾患的相關病理知識過於淺薄；對精神病患的特性及處遇方向及技術皆感到訓練不足；因此，對精神疾病診斷及藥物使用之概念，及當學生疾病發作時要如何和醫護人員、家長溝通等面向，皆需快速補強，如：

「我記得好像大學跟研究所大概都只有各自大概一兩堂會介紹到精神疾病或 DSM-IV，在學習先備的知識上，就並沒有說這麼熟悉⋯⋯」（E176）

「……你在跟學生晤談，可能醫生開藥他會跟你討論吃什麼藥啊、會怎樣、會怎樣跟你講然後你就霧煞煞……」（G146）

「遇到精神狀況的學生，就一定要學怎麼跟醫師合作……應該要配合 DSM 那幾個軸的概念去跟醫生做交談，譬如說把我的觀察化做那幾個部分，我自己的經驗是這樣，醫生才會比較願意去跟妳討論。」（A016）

同時，上述有關精神疾患知識及專業訓練，也需提供給校內其他相關單位，如學務處、校安人員等，幫助他們了解這類型個案的問題及處遇方向，使人力資源達最有效的發揮：

「……如果在平常一些訓輔人員或是學務人員就有幫助他們加強這一方面的訓練的話，我覺得是對他們在處理時是較有幫助的。」（B190）

二、對新興類型之校園諮商議題提升敏感度及處遇能力

全體受訪者認為，近年來不論是心理相關學系或專業學會，皆提供了不少有關自殺／傷相關之訓練與工作坊；相對的，對親密關係及一般暴力及性侵／騷擾加害者或受害者之處遇、創傷、藥物濫用處遇、未婚懷孕、網路直播文化、網路成癮等這些新興議題，較被忽略或仍未提供足夠的訓練。為因應愈趨複雜的校園問題，這些議題在未來訓練中均須重視及增加訓練課程。

「比較缺乏的那些（課程）其實都可以推廣，親密關係暴力我覺得還算是很少，那創傷目睹意外事件跟傷亡的，類似悲傷輔導這一類的。」

（B209）

「我還滿想學一下，就譬如可能性侵，或者是暴力的（處遇訓練）都可以。」（E231）

「不同族群的特色，跟他可能潛在發生的危機性，譬如說隔代教養、身心障礙、受虐兒、譬如說家暴、性侵的家庭，這樣的一個族群。」（D241）

「最近有一個霸凌，我發現霸凌這群人和被霸凌這群人，可以算是被看成不同族群了，這樣的背景下面有沒有一個什麼樣的特質，或是需要注意的是什麼……」（D242）

「所謂藥癮……倘若真的進來學校的輔導機制，我不曉得要怎麼做……」（E215）

「……我覺得有一個 topic（人工流產）是說，若今天這個孩子去學會用這麼簡單快速的方式去處理，那她下次一定還會發生，因為太容易了！所以請當事人跟父母進來共同去面對這個問題，怎麼讓孩子重新去自我保護的一些議題要出來。」（C181）

「自閉類亞斯伯格症的同學越來越多，通常在同學面前比較白目，人際上會比較有問題，這種就很難處理。」（H028）

研究者瀏覽 2011 年間臺灣諮商心理學會網頁之繼續教育內容，發現其中多開設因應相關法規（如心理師法、精神衛生法、性侵害犯罪防治法、

家庭暴力防治法、兒童福利法等）及當前熱門議題之課程（如督導關係、性議題、或藝術、敘事等主題之繼續教育及工作坊），較少開設心理師處理危機事件之相關課程。檢視近年來之繼續教育課程，多為自殺／傷、性侵及性騷擾防治的訓練有關之危機處遇課程，卻欠缺其他類型危機之辨識、處遇方法、不同評估工具使用等課程訓練。

　　因此在培訓心理師的過程中，無論是學校養成教育、實習、證照考試、專業學／公會辦理之繼續教育中，不能再流於危機意識或處理流程的概念化傳輸，應重視實務演練，如提供案例教學、加強心理師與學校系統對話之能力，以培養更多具專業及實務知能之危機諮商師（crisis counselor）。

三、學校應重視新興議題的實務演練，並發展有效分工系統

　　大多受訪者認為校園新興議題的有效處理，端賴全體師生之通力合作；像是學校系統有各個不同層次之單位涉入學生的生活與學習，若平日能對學生多所關注，將有助於預防未來危機案件之發生：如導師參與初級預防工作時，多關注學生日常生活；若學生有異樣時，及早通報教官與諮商中心，亦可將危機之可能性降低；若危機事件真實發生時，校安人員及校內其他單位之同仁，能盡速的送醫、通報，此種適當之分工皆有助於校內危機之有效因應：

　　「導師的部分應該要密切關注那個學生，隨時通報給心理師，那心理師主要就是做輔導還有危機介入，教官要協助生活事務上面的問題……」（B105）

　　「基本上我就會讓他的導師跟系主任知道，這是會做的，甚至教官也

需要知道，跟他們說明他的情況，我還是會先跟學生接觸過，了解原因後，再跟系上說明，看可以怎樣協助，有必要的話就會開個案討論會……」（F189）

除了學校各級單位的聯絡外，G、E受訪者並提醒三級預防工作要聯絡到家長及其他系統；更重要的是系統聯結後還要實境演練，才能將預防工作真正建立起來：

「就單純個案的部分先了解，從小範圍的模式先做，然後中範圍怎麼運用我們的資源做中範圍、大範圍時比如說他就開始聯絡他的父母、系上或是可能的親友，這可能就教官他們可以做的……」（G068）

「如果系統可以是一致，然後大家是各司其職，就是流程 SOP 可以真的去 run 一下，然後橫向連結真的可以去建立起來的話……」（E240）

本研究受訪者在訪談過程提及了數個精神疾患之案例，如個案失控地以事務機砸人，或反鎖在晤談室並威脅要傷害他人；而另有個案無預警地持刀闖入諮商中心挾持人質企圖傷人及自傷等，皆顯示諮商中心主管若未覺察危機個案之危險性，則有可能會導致重大傷害，故平日需事先建立完善的預防措施及應變計畫，才能防患於未然；並應積極演練，而非只是聊備一格，徒具形式。一旦發生危機事件，權責單位若未能掌握有效處理時，常致不安、緊張、害怕、憤怒等負向情緒在校園中漫延。因此，學校應重視危機處理機制、明定問題分類及處理流程，除校安中心須依規定通報教育部外，諮商中心也應建請主管召開事件檢討會，檢視缺失並將訊息適當地公布，讓師生學習該如何防患未然。如吳宗立（2004）所述，透過狀況

的模擬、角色扮演等方式不斷的實施演練、檢討、修正、學習，使學校組織成員能了解危機發生時所扮演的角色職能，以加強危機意識與警覺，提升對危機的應變及處置能力，而校方亦可藉由客觀的評鑑方式，來提升諮商中心之服務水準。

四、心理師及校安人員須熟知精神衛生法強制送醫限制，加強與醫療資源的合作

　　本研究多位受訪者皆提到危機個案反覆出現自殺行動、精神疾病復發等現象，並經常有拒絕就醫之決定；但若這些個案無法即時送醫將造成日後耗用更多資源的現象。其實依 2007 年進行修正之精神衛生法，第十九、二十條文：「經專科醫師診斷或鑑定屬嚴重病人者，應置保護人一人 …… 」、「嚴重病人情況危急，非立即給予保護或送醫，其生命或身體有立即之危險或有危險之虞者，由保護人予以緊急處置」，心理師可依此條例擔任保護人之角色；但有些醫護人員誤解精神衛生法第四十一、四十二條文之強制就醫條件，以為個案表達拒絕接受住院治療時，就不應強制送醫，使得心理師左右為難，擔心侵犯個案自主權及人身自由而觸法。

　　事實上，該法第四十一條第三款中述明：「經詢問嚴重病人意見，應即填具強制住院基本資料表及通報表，並檢附嚴重病人及其保護人之意見，及相關診斷證明文件，向審查會申請許可強制住院；強制住院可否之決定，應送達嚴重病人及其保護人。」因此建議諮商中心之諮商師，平時與社區心理衛生機構、鄰近精神科專科醫師建立緊密之諮詢網絡，除提升對精神疾病之認識外，並能與個案、家長及導師聯繫中討論個案失能狀況，表達擔任保護人角色之意願，在獲得精神專科醫院協助下，提供個案完善之診治，完成緊急安置步驟。

附　　錄

附件一a　心理諮商輔導中心初談同意書

1. 初談時間一次以 20 分鐘爲原則。

2. 初談由心理師、輔導員、或實習心理師進行一對一初談；如同時間需有第二人協同進行初談會事先取得您的同意，在您的同意後才會進行協同初談。

3. 初談過程中如需要錄音、錄影，一定事先取得您與心理師／輔導員／實習心理師的同意，且填寫同意書，錄音（影）內容將會被保密尊重。您與心理師／輔導員／實習心理師有權拒絕。

4. 只有在取得您的同意時，才能向必要之對象說明有關您的資料；但請特別注意，在下列情況之一，本中心必須知會相關人員：

   A. 在來談者（您）有危及自己及他人生命、自由財產及安全時。

   B. 涉及法律責任時，如牽涉性侵害／性騷擾防治法、性別平等教育法、兒童少年福利法、家庭暴力防治法 … 等。

   C. 在心理師／輔導員／實習心理師接受專業督導時，將與督導討論或邀請督導一同觀察其過程（以單面鏡、現場等方式）。

   D. 若您是未滿 18 歲的未成年人，爲尊重父母或監護人的合法監護權，需經監護人簽名同意後，始得開始進行正式個別諮商。爲求您的最佳利益著想，必要時父母或監護人有權了解會談相關訊息。

   E. 其它：（請心理師／輔導員／實習心理師與您協調後列出）

5. 其它：（請心理師／輔導員／實習心理師與您協調後列出）

☐ 我已充分閱讀以上的初談說明，對於不清楚的部分，也有機會可和相關人員討論，因此我同意接受本校心理諮商輔導中心的服務；我同時了解初談是出於自願的行爲，可隨時於告知我的心理師／諮商員後結束。

我同意接受心理諮商輔導中心安排的初談。

當事人簽名：＿＿＿＿＿＿　　心理師／輔導員／實習心理師簽名：＿＿＿＿＿＿

我與心理師／輔導員／實習心理師同意在初談時錄影（音），以便心理師／輔導員／實習心理師＿＿＿＿＿＿

當事人簽名：＿＿＿＿＿＿　心理師／輔導員／實習心理師簽名：＿＿＿＿＿＿

　　　　　　　　　　　　　　　　　日期：　　年　　月　　日

附件一b　學生資料表（學生填寫）

學生基本資料

姓名：＿＿＿＿＿＿　性別：＿＿＿＿　系級：＿＿＿＿＿＿　學號：＿＿＿＿＿

出生日＿＿＿＿＿＿　行動電話：＿＿＿＿＿＿　E-mail：＿＿＿＿＿＿＿＿＿

目前住址：＿＿＿＿＿＿＿＿＿＿＿＿＿＿＿＿＿＿＿＿＿＿＿＿＿＿＿

緊急聯絡人：＿＿＿＿＿＿　關係：＿＿＿＿＿　聯絡電話：＿＿＿＿＿＿

來談主題

□1 自我探索　　□2 情感困擾　　□3 人際關係　　□4 家庭關係　　□5 生涯探索

□6 情緒精神　　□7 生活適應　　□8 身心症狀　　□9 學習問題　　□10 心理測驗

□11 失落悲傷　　□12 性別議題　　□13 壓力調適　　□其他

◎**對會談的期待**：

可諮商的時間

（請註明上午、下午、晚上以及適合之時間，例如：下午 3：00～5：00）

星期一：＿＿＿＿＿＿＿　星期二：＿＿＿＿＿＿＿　星期三：＿＿＿＿＿＿

星期四：＿＿＿＿＿＿＿　星期五：＿＿＿＿＿＿＿　（星期五無晚上時段）

◎**特定心理師需求**：□無　　□有：

諮商輔導經驗

◎您**過去**是否有諮商輔導經驗：□無　　□有：地點＿＿＿＿＿＿　期程＿＿＿＿＿

　（如曾於本中心諮商經驗，期諮商心理師是 1.＿＿＿＿＿＿　；2.＿＿＿＿＿＿

是否願意開放新任心理師閱讀之前諮商紀錄？□否　　□是，簽名：＿＿＿＿＿　）

醫療資訊

1. 您**目前／過去**是否有在精神科或身心科等相關醫療就診？

　□無　　□有，醫院＿＿＿＿＿＿＿　診斷 ＿＿＿＿＿＿＿　時間＿＿＿＿＿＿

　備註：＿＿＿＿＿＿＿＿＿＿＿＿＿＿＿＿＿＿＿＿＿＿＿＿＿＿＿

2. 您是否有特別疾病史？□無　　□有，請說明：＿＿＿＿＿＿＿＿＿＿＿＿＿

3. 家族間是否有精神疾病史？□無　　□有，請說明：＿＿＿＿＿＿＿＿＿＿＿

4. 您是否有過自傷或自殺經驗？□無　　□有，請說明：＿＿＿＿＿＿＿＿＿＿

近二週之身心狀況（如有符合請勾選）

1.□常感悲傷、沮喪、或焦慮　2.□精神不濟沒活力　3.□覺得沒價值、內疚或

罪惡感　4.□無法專心注意力渙散　5.□失眠或嗜睡　6.□對事物失去興趣

7.□食慾不佳或暴食　8.□行為動作變遲鈍　9.□有自殺或死亡的想法

備註：

附件二　個案派案表

1. 個案的主訴問題：

2. 個案對會談的期待：

3. 個案危機評估：

　　A. 危機中須立即介入

　　　　狀況說明：

　　B. 須儘速派案

　　　　狀況說明：

　　C. 可等待派案

　　　　狀況說明：

4. 個案過去 曾經 / 從未 接受諮商輔導經驗

　　A. 個案過去曾在本校諮商輔導組接受過諮商，諮商老師為：

　　B. 個案是否願意開放新任心理師閱讀之前的諮商紀錄

5. 個案目前是否有在其他地方接受諮商輔導或相關心理治療

　　A. 說明：

　　B. 服用藥物名稱及劑量：

6. 個案可諮商之空堂時間：

　　星期一：上午　下午　晚上

| 星期二：上午　　下午　　晚上 |
| 星期三：上午　　下午　　晚上 |
| 星期四：上午　　下午　　晚上 |
| 星期五：上午　　下午 |

7. 是否選擇特定心理師需求：

初談員：

派案結果：本案預計於_____年_____月_____日

由_____個管員派給_____心理師

派案日期：_____年_____月_____日

附件三　心理諮商輔導中心個別諮商同意書

1. 原則上與心理師／輔導員／實習心理師進行 6～8 次會談，諮商時間以每週一次，每次 50 分鐘爲原則，如有特殊情形再加以調整。

2. 諮商地點在本中心個別諮商室。

3. 若因故不能出席，請務必於會談前 24 小時以電話或親自前來告知本中心。

   個管員：＿＿TEL：＿＿；心理師／輔導員／實習心理師：＿＿TEL：＿＿

4. 諮商治療中若心理師／輔導員／實習心理師或您需要錄音、錄影，一定事先取得您或心理師／輔導員／實習心理師的同意，且填寫同意書，錄音（影）內容將會被保密尊重，您或心理師／輔導員／實習心理師有權拒絕。

5. 諮商中心對於來談資料或錄影（音）資料，將會以**極機密方式**處理和保管（並依心理師法規定在您會談結束後十年完全銷毀）。

6. 只有在取得您的同意時，才能向必要之對象說明有關您的資料；但請特別注意，在下列情況之一，本中心必須知會相關人員：

   A. 在來談者（您）有危及自己及他人生命、自由財產及安全時。

   B. 涉及法律責任時，如牽涉性侵／性騷擾防治法、家庭暴力法、性別平等教育法、兒童少年福利法等。

   C. 若您是未滿 18 歲的未成年人，本中心會以您的最佳利益著想，並尊重父母或監護人的合法監護權，需要時，父母或監護人有權瞭解會談相關訊息。

   D. 在心理師／輔導員／實習心理師接受專業督導時，將與督導討論或邀請督導一同觀察其過程（以單面鏡、現場、回溯…等方式）。

   E. 其它：（請心理師／輔導員／實習心理師與您協調後列出）

7. 本中心對於來談者以安排一位心理師／輔導員／實習心理師會談爲原
　 則。來談者有權利終止諮商，但須先知會心理師／輔導員／實習心理師
　 進行結案的諮商會談或協調其他轉介事宜。

8. 若您無故未到達 2 次，將取消諮商服務，待有需要再申請；或請假累積
　 超過 3 次，將由心理師／輔導員／實習心理師與您確認終止諮商服務之
　 必要，以維護基本諮商架構與效益。

9. 其它：（請心理師／輔導員／實習心理師與您協調後列出）

□ 我已充分閱讀以上的個別諮商說明書，對於個人的基本權益已有所知悉，對於
　 不清楚的部分也有機會和相關人員討論。我同意接受心理諮商輔導中心安排的
　 個別諮商會談，也同時了解諮商是一項自願行爲，可隨時告知後結束。
　 當事人簽名：＿＿＿＿＿＿　心理師／輔導員／實習心理師簽名：＿＿＿＿＿＿
　 日期： 年　月　日

□ 因尚未年滿18歲，身爲其父母／監護人，我同意他／她接受正式個別諮商服務。
　 父母／監護人身份字號：＿＿＿＿＿＿　母／監護人簽名：＿＿＿＿＿＿

□ 我與心理師／諮商員同意會談時錄影（音），以便心理師／諮商員＿＿＿＿＿
　 當事人簽名：＿＿＿＿＿＿　心理師／輔導員／實習心理師簽名：＿＿＿＿＿＿
　 日期： 年　月　日

附件四a 個案資訊交流同意書（調閱諮商紀錄同意書）

我_____同意心理諮商輔導中心（以下簡稱諮商中心）

□聯繫我過去的心理師_____並將我的會談概況或衡鑑報告摘要或就醫狀況告知我目前的心理師_____（其服務於_____），以便更有效的擬定我的治療計畫和安排適當的心理健康相關服務與協助。

□因個人需求，擬調閱民國_____年_____月_____日至_____年_____月_____日於心理諮商輔導中心個別諮商紀錄，並同意配合以下規範：

1. 調閱之紀錄僅限於心理諮商輔導中心內觀閱，不得攜出。

2. 本次調閱僅作個人自我了解使用，不另作為保險及訴訟證明等其他法律證明文件之用。

3. 調閱紀錄後，若非心理諮商輔導中心之則，而有本人資料外洩之情事，本人願負全責。

此致　　心理諮商輔導中心

同意人簽名：

系級：　　　　　　　　　　學號：

　　　　　日期：　　　年　　　月　　　日

附件四b　緊急送醫同意書

我＿＿＿＿＿＿了解我的子女＿＿＿＿＿＿在貴校因＿＿＿＿＿＿＿＿

＿＿需緊急送醫，因本人無法於第一時間立即前來協助我的子女入院就醫，

因而授權給貴校諮商中心＿＿＿＿＿＿心理師協助其就醫。

此致　　　心理諮商輔導中心

　　　　　　　家長／監護人：＿＿＿＿＿＿＿＿＿

　　　　　　　　　　　日期：　　　年　　　月　　　日

附件五　個別會談記錄表

1. Subjective（主觀的：個案描述關於自己的行為或狀態）

2. Objective（客觀的：心理師觀察到的個案行為或狀態、測驗資料、身體檢查等）

3. Assessment（衡鑑：治療者對個案處遇以及預後的描述）

4. Plan（計劃：下一步要採取的行動）

5. 下次會談時間_____年_____月_____日_____時

6. 督導回饋

諮商員簽名：_____　督導簽名：_____

附件六　心理諮商輔導中心個案轉介單

転介程序說明：
1. 請轉介者與被轉介者共同完成此轉介單及教師轉介同意書，再以【密件方式】盡快送至本中心。
2. 諮商中心接獲密件後，會以【密件方式】回覆轉介人。
3. 接案之專任心理師／輔導員並會與轉介人保持聯繫，定期回覆晤談狀況。

轉介人基本資料		
申請轉介者：	職稱：	轉介日期：　年　月　日
與個案之關係：	聯絡電話：	E -mail：

轉介個案之基本資料

姓名： 系級： 聯絡電話： E -mail： 緊急事件聯絡人： 聯絡地址：	性別：□男　□女 學號： 手機號碼： 聯絡住址： 與個案之關係： 聯絡電話：

一、個案之主要問題概述：
□1 自我探索　　□2 情感困擾　　□3 人際關係　　□4 家庭關係　　□5 生涯探索
□6 情緒精神　　□7 生活適應　　□8 身心症狀　　□9 學習問題　　□10 心理測驗
□11 失落悲傷　　□12 性別議題　　□13 壓力調適　　□其他＿＿＿＿＿＿＿＿＿

二、學生問題危機程度：
□輕度（些微情緒困擾，生活功能較無影響）
□中度（情緒困擾已影響部分生活功能，如：睡眠困擾、飲食習慣、學業等）
□中度（情緒困擾已嚴重影響生活功能，需立即給予協助）

三、轉介原因及希望協助的事項：

（※若為性別平等委員會之強制個案，請註明編號，如：性平會 1000427 案）

※ 正本由本中心保存，副本（影印本）將於接案處理後回覆轉介人保存。

附件七　心理諮商輔導中心個案受理回條

轉介人：	轉介日期：　年　月　日
學生姓氏：_____同學　　系所：	學生性別：□男　□女

受理轉介情形：

1. □已於____年____月____日起正式由輔導員接案，主要處理說明如下：

　　處理說明：

　　希望原轉介者之協助：

2. □已作下列處理，案主目前未接受本中心服務。

　　轉介資料將作下列處理：

　　【　】留在諮商中心備查

　　【　】於 30 日內銷毀

3. □其他（請說明）

接案心理師／輔導員：	聯絡方式：
諮商中心專任心理師／輔導員個案：　　　　E-mail：	
聯絡電話：	回覆日期：　年　月　日

※ 正本由本中心保存，副本（影印本）將於接案處理後送交轉介人保存。

附件八　導師轉介會談概況回報單

_____年_____月_____日

導師姓名：

學生姓氏：

系級：

轉介日期：

會談日期：

目前會談狀況：_____（請填寫 1-5）

1. 已排案，於_____月_____日安排學生會談，學生未出現。

2. 良好（已結案）

3. 良好（會談中）

4. 狀況不穩定（密切協助中）

5. 狀況不佳（需轉介至_____）如：醫院精神科

個案會談心理師／輔導員：_____

（如有任何事宜，請交由中心個案管理心理師／聯絡人代為聯絡，謝謝！）

諮商中心個案管理心理師（聯絡人）：_____　分機：_____

如果您有任何相關問題，請與我聯絡，謝謝！

附件九　教師轉介同意書

　　我_____ 了解因需要心理諮商之協助，同意接受_____的轉介，至心理諮商輔導中心與心理師／輔導員進行會談，以維護我的心理健康。

　　我了解並同意諮商中心／心理師／輔導員，適度將我的會談資料提供轉介人_____ 知悉，以便轉介人亦可即時提供合宜的協助，以保障我的心理健康。

此致　　心理諮商輔導中心

系級：

學號：

同意人簽名：

轉介人簽名：

日期：　　　年　　　月　　　日

附件十　緊急事件處理表

編號		填表日期	年　月　日	填表人	
案件來源：□通報 □轉介 □自行前來 □其他：＿＿＿＿				身份別	□一般　□資源生
事件性質：□自殺 □自傷 □他殺 □他傷 □性騷擾或性侵害 □家暴 □其他：					
個案基本資料					
系級		姓名		學號	
性別		出生年月日	年　月　日	行動電話	
目前住址	（若住校，請填寢室號碼）				
E-mail		受輔經驗		□已是本中心晤談個案 □已有精神科就醫紀錄	
緊急聯絡人		關係		聯絡電話	
家長／監護人	□同上	關係		聯絡電話	
個案主要狀況或事件經過					
初次處理　　　　　（處理紀錄請載於背面）					

自殺／自傷、他殺／他傷

□通知生輔組及教安人員 □通知家長或監護人 □與學生簽訂不自傷／不自殺契約

□聯絡相對人　姓名：＿＿＿＿＿＿　電話：＿＿＿＿＿＿

□送醫或採取適當保護措施　醫院：＿＿＿＿＿＿　電話：＿＿＿＿＿＿　保護措施：＿＿＿＿

□聯繫學生的心理師　心理師姓名：＿＿＿＿＿＿　電話：＿＿＿＿＿＿

□聯繫精神科醫師　醫院：＿＿＿＿＿　醫師：＿＿＿＿＿＿　醫師電話：＿＿＿＿＿＿

後續處理

自殺／自傷、他殺／他傷	家暴或性騷擾、性侵害
□提供發言人相關資訊	□提供發言人相關資訊
□通報校安中心，啟動校內校安機制	□通報校安中心，啟動校內校安機制
□通報衛生局自殺防治網	□通報性平執秘
□相關單位行政支援：＿＿＿＿＿	□通報本地家暴及性侵愛防治中心
□安排系（所）、宿舍保護措施	□安排系（所）、宿舍保護措施
□提供諮商　心理師姓名：＿＿＿＿＿	□轉介社福機構　機構：＿＿＿＿＿
□轉介精神科　醫院：＿＿＿＿＿	□持續與家長、導師等相關人員溝通
□持續與家長、導師等相關人員溝通	

執行處理人：＿＿＿＿＿＿＿＿（簽名）

心理諮商輔導中心　　緊急事件處理表　　處理紀錄			
日期／時間	處理過程	介入人員（相關單位）	花費時間

（若本表不敷使用，請自行影印）

附件十一　自殺防治通報關懷單

更新日期：2014 年 6 月 26 日　　　　　編號：☐☐☐☐☐☐☐☐☐☐

通報單位：_____　通報人姓名：_____　　通報人電話：_____　修改人員：_____

*自殺類別：☐自殺未遂　☐自殺死亡　　　　*有無實際自殺行為：☐是　☐否

1.*個案姓名：_____　　　　　　　　　2.*身分證字號：_____

3.*性別：☐男　☐女　　　　　　　　　　　4.年齡：____（出生：__年__月__日）

5.*電話：(日)_____ / (夜)_____　　　6.手機：_____

7.*自殺日期：20__年__月__日　　　　　　 8.*通報日期：20__年__月__日

9.婚姻狀況：☐未婚☐已婚☐離婚☐喪偶☐不詳　　10.*教育程度：☐國小☐國中☐高中☐大專☐碩士以上☐不詳

11.*職業：　☐專業人員（持有證照者：醫事人員、律師、會計師等）　☐民意代表.主管及經理人員

　　　　　☐技術員及助理專業人員　☐農林漁牧業生產人員　☐服務及售貨工作人員　☐事務支援人員

　　　　　☐技藝有關工作人員　☐機械設備操作工及組裝人員　☐基層技術工及勞力工　☐軍人

　　　　　☐學生（校名：　　）　☐家管　☐退休　☐失業　☐無業　☐其他：　　　☐不詳

12.特殊身分別註記：☐精神病人 ☐藥癮者 ☐酒癮者 ☐家暴被害人 ☐家暴加害人 ☐性侵被害人 ☐其他：_____

13.戶籍住址：_____縣／市_____鄉／鎮／市／區_____村／里_____

14.*居住住址：_____縣／市_____鄉／鎮／市／區_____村／里_____

15.與人同住：☐是　☐否　☐不詳

16.聯絡人(1)姓名：_____　關係：_____　電話：_____ / _____

17.聯絡人(2)姓名：_____　關係：_____　電話：_____ / _____

18.*自殺方式：（複選，最多三種）

☐安眠藥鎮靜劑　　　　　　☐酒精　　　　　　　☐服用或施打毒品過量　☐其他藥物

☐農藥（如：農用殺蟲劑、除草　☐一般病媒殺蟲劑（如：蟑　☐其他化學物品（如：　☐自焚
劑、生長劑等）是否為巴拉刈　螂、螞蟻、老鼠藥等）　　漂白水、清潔劑、鹽
中毒☐是☐否　　　　　　　　　　　　　　　　　　酸等）

☐割腕　　　　　　　　　　☐其他部位之切穿工具自殺　☐上吊、自縊　　　☐悶死及窒息（如塑膠袋
套頭）

☐燒炭　　　　　　　　　　☐汽車廢氣　　　　　☐家用瓦斯中毒　　　☐其它氣體及蒸氣（是否
為氦氣自殺☐是☐否）

☐臥、跳軌（含鐵路、捷運等）　☐撞擊（如：撞牆、撞車等）　☐溺水（淹死）；跳水　☐高處跳下

☐以槍炮、氣槍及爆炸物　　☐以其他方式：_____

（續下頁）

19.*自殺原因：（複選，最多三種）

情感／人際關係	精神健康／物質濫用	工作／經濟	生理疾病
□夫妻問題	□憂鬱傾向、罹患憂鬱症	□職場工作壓力	□慢性化的疾病問題
□家庭成員問題	□物質濫用（酒、藥、毒品）	□失業	（如：久病不癒）
□感情因素（如男女朋友）	□其他精神疾病或心理健康問題：	□債務	□急性化的疾病問題
□喪親、喪偶		□其他經濟問題：	（如：初得知患病）
□其他人際關係因素：			□其他疾病問題：
校園學生問題	迫害問題	其他	不願說明或無法說明
□學校適應問題（如課業壓力、	□遭受騷擾	□兵役因素	□個案（家屬）不願說明
體罰、霸凌等）	□遭受暴力	□畏罪自殺、官司問題	□個案因身體狀況無法說
□生涯規劃因素	□遭受詐騙	□其他：	明
			□不詳

20.有無其他人一起自殺：□有，關係：_____ □無

21.*自殺後身體狀況：□穩定 □惡化 □垂危 □死亡 □其他：_____

22.*目前是否有在精神科就診或進行心理健康諮詢：□有，疾病診斷：_____ □無 □不詳

23.*個案（家屬）是否願意接受衛生局（所）人員訪視.轉介服務：□是 □否

24.*處置情形：
　　□經由_____（單位／人員）護送前往_____ □病情需要，轉往_____診治
　　□個案辦理自動出院 　　□醫師允許出院 　　□留觀檢查 　　□其他
　　補述：_____

25.注意事項：

若採紙本通報請傳眞至　　　　　　　　　　　　　　　FAX：

附件十二a　不自傷保證契約書

　　我_____願意透過諮商輔導的過程來幫助自己解決問題，在這段期間，萬一我有想傷害自己，或是自殺的念頭，我會馬上通知家人、導師、輔導老師或教官或朋友（同學），不會貿然做出傷害自己的行為。

學生簽名：_____

老師簽名：_____

中華民國　　　　年　　　　月　　　　日

心理諮商輔導中心聯絡電話：

校安中心／駐衛警室：

<u>我可以緊急聯絡的親友 -</u>

1. 姓名：_____　關係：_____　電話：_____

2. 姓名：_____　關係：_____　電話：_____

3. 姓名：_____　關係：_____　電話：_____

（上聯存諮商中心）

（下聯由學生保存）

心理諮商輔導中心　　不自傷保證契約書

　　我_____願意透過諮商輔導的過程來幫助自己解決問題，在這段期間，萬一我有想傷害自己，或是自殺的念頭，我會馬上通知家人、導師、輔導老師或教官或朋友（同學），不會貿然做出傷害自己的行為。

學生簽名：_____

老師簽名：_____

中華民國　　　　年　　　　月　　　　日

心理諮商輔導中心聯絡電話：

校安中心／駐衛警室：

（續下頁）

<u>我可以緊急聯絡的親友 -</u>

1. 姓名：_____關係：_____電話：_____

2. 姓名：_____關係：_____電話：_____

3. 姓名：_____關係：_____電話：_____

附件十二b　不自殺保證契約書

　　我＿＿＿＿＿＿＿＿願意透過諮商輔導的過程來幫助自己解決問題，在這段期間，萬一我有想傷害自己，或是自殺的念頭，我會馬上通知家人、導師、輔導老師或教官或朋友（同學），不會貿然做出傷害自己的行為。

學生簽名：＿＿＿＿＿＿＿＿

老師簽名：＿＿＿＿＿＿＿＿

中華民國　　　　年　　　　月　　　　日

心理諮商輔導中心聯絡電話：

校安中心／駐衛警室：

我可以緊急聯絡的親友 -

1. 姓名：＿＿＿＿＿＿關係：＿＿＿＿＿＿電話：＿＿＿＿＿

2. 姓名：＿＿＿＿＿＿關係：＿＿＿＿＿＿電話：＿＿＿＿＿

3. 姓名：＿＿＿＿＿＿關係：＿＿＿＿＿＿電話：＿＿＿＿＿

（上聯存諮商中心）

（下聯由學生保存）

心理諮商輔導中心　不自殺保證契約書

　　我＿＿＿＿＿＿＿＿願意透過諮商輔導的過程來幫助自己解決問題，在這段期間，萬一我有想傷害自己，或是自殺的念頭，我會馬上通知家人、導師、輔導老師或教官或朋友（同學），不會貿然做出傷害自己的行為。

學生簽名：＿＿＿＿＿＿＿

老師簽名：＿＿＿＿＿＿＿

中華民國　　　　年　　　　月　　　　日

心理諮商輔導中心聯絡電話：

校安中心／駐衛警室：

（續下頁）

我可以緊急聯絡的親友 -

1. 姓名：＿＿＿＿＿＿＿關係：＿＿＿＿＿＿＿電話：＿＿＿＿＿＿＿

2. 姓名：＿＿＿＿＿＿＿關係：＿＿＿＿＿＿＿電話：＿＿＿＿＿＿＿

3. 姓名：＿＿＿＿＿＿＿關係：＿＿＿＿＿＿＿電話：＿＿＿＿＿＿＿

附件十三　大學校園性侵害及性騷擾事件檢舉書

				檢舉日期		年　月　日	
檢舉人（申訴代理人）	姓名	（限本人簽名）		被害人姓名			
	安全聯絡方式	電話：（　）		被害人班級、學號			
		電子信箱：		與被害人關係			
		行動電話： 聯絡地址：□□□					
被申訴人	姓名			與被害人關係			
檢舉事實	□性侵害　　　　　□性騷擾						
	地點：　　　　　時間（最近一次）：　　年　　月　　日　　時　　分						
	申訴事實及理由：						

以下由處理單位填寫

收件 心理諮商輔導中心	收件人簽名：
	收件時間：　　年　　月　　日　　時　　分
轉交 性別平等教育委員會	主任委員簽名：
	報請會議時間：　　年　　月　　日　　時　　分
	召開會議時間：　　年　　月　　日　　時　　分
	是否受理案件：　　　　是□　　　否□
	是否成立調查小組：　　　是□　　　否□
通報縣市家庭暴力暨性 侵害防治中心	通報人簽名：
	通報時間：　　年　　月　　日　　時　　分
通報 教育部備查	通報人簽名：
	通報時間：　　年　　月　　日　　時　　分
調查時間 性平會或調查小組	第一次：　　　　　　　　第二次：
	第三次：　　　　　　　　第四次：
調查完成 提出報告及懲處建議	以書面報告學校及教育部時間：
	以書面載明事實及理由通知申請人、檢舉人及行為人時間：
	是否提出申覆：　　　是□　　　否□

※ 填妥檢舉書後置入信封並黏妥，信封上註明「性別平等教育委員會親收」

附件十四a　性侵害案件通報表

自 108 年 6 月 1 日起適用

<table>
<tr><td rowspan="9">通報人</td><td>*通報單位</td><td colspan="5">□醫院 □診所及衛生所 □衛政 □警政 □社政 □教育 □勞政 □司（軍）法機關 □憲兵隊 □113
□防治中心 □移民業務機關 □矯正機關 □戶政 □民政 □老人福利、安置照護機構 □觀光業務機關
□其他</td></tr>
<tr><td>*通報人員
身分</td><td colspan="5">□醫事人員 □警察人員 □社政/社工人員 □教育人員 □保育人員 □教保服務人員 □勞政人員
□司（軍）法人員 □移民業務相關人員 □村（里）幹事 □村（里）長 □矯正人員 □戶政人員
□公寓大廈管理服務人員 □照顧服務員 □社會福利、安置照護機構人員 □就業服務機構及其從業人員
□觀光業從業人員 □電子遊戲場業從業人員 □資訊休閒業從業人員 □其他：_____</td></tr>
<tr><td>單位名稱</td><td colspan="2"></td><td colspan="2">受理單位是否需回覆通報單位：　□是　□否</td></tr>
<tr><td>*姓名</td><td></td><td>職稱</td><td colspan="2">*電話</td></tr>
<tr><td>受理時間</td><td colspan="2">年　　月　　日　　時　　分</td><td>通報時間</td><td>年　月　日　時　分</td></tr>
</table>

<table>
<tr><td rowspan="20">受保護/被害人</td><td>*姓名</td><td></td><td>代號</td><td></td><td>性別</td><td>□男 □女
□其他</td><td>*出生日期
或年齡</td><td>年　月　日
（_____歲）</td></tr>
<tr><td>身分證統一編號
（或護照號碼）</td><td colspan="2"></td><td>婚姻
狀態</td><td colspan="2">□未婚 □已婚
□離婚 □喪偶</td><td>有同住
之兒少</td><td>□有，__人，姓名：__，關係：___
□無
□不詳</td></tr>
<tr><td colspan="6"></td><td>有無目睹家庭
暴力之兒少</td><td>□有，__人，年齡：___
□無
□不詳</td></tr>
<tr><td>現屬
國籍別</td><td colspan="5">□本國籍（□非原住民 □原住民）　□大陸及港澳籍 □外國籍
□無國籍 □資料不明</td><td>是否為外籍勞工</td><td>□是　□否</td></tr>
<tr><td>就學
狀況</td><td colspan="7">□未入學
□學生
　□學前教育 □國小（□在學□輟學□畢業）國中（□在學□輟學□畢業）
　□高中（職）（□在學□休學□畢業）□大專以上（□在學□休學□畢業）
□非學生</td></tr>
<tr><td>是否為
身心障礙者</td><td colspan="7">□是，障別：_____　　□疑似，障別：_____
□非身心障礙者　　□不詳 □其他：_____</td></tr>
<tr><td colspan="8">◎戶籍地址：　　縣（市）　　鄉（鎮、市、區）　　村（里）　鄰　　路（街、道）　段　巷　弄　號
之　樓</td></tr>
<tr><td colspan="8">◎居住地址：　　縣（市）　　鄉（鎮、市、區）　　村（里）　鄰　　路（街、道）　段　巷　弄　號
之　樓</td></tr>
<tr><td colspan="8">居住地址是否須保密：□是 □否</td></tr>
<tr><td colspan="8">◎電話：【宅】　　　　　　　【公】　　　　　　　【手機】</td></tr>
<tr><td colspan="8">方便聯絡時間：　　　　　　　　方便聯繫方式：</td></tr>
<tr><td colspan="8">安全聯絡人姓名：　　　　電話：【宅】　　　【公】　　　【手機】　　　與受保護（被害）人關係：</td></tr>
<tr><td>父母/監護
人/主要照
顧者</td><td>姓名</td><td colspan="2"></td><td>出生日期或年齡</td><td colspan="2">年　月　日
（_____歲）</td><td>國籍別</td><td>□本國籍（□非原住民 □原住
民）
□大陸及港澳籍 □外國籍
□無國籍 □資料不明</td></tr>
</table>

※ 密件 請傳　縣（市）家庭暴力暨（及）性侵害防治中心　電話：　　傳眞：

		與被害人關係		聯絡地址			電話	【宅】		【公】
								【手機】		

施虐者／相對人／嫌疑人	有無施虐者／相對人／嫌疑人	□有，＿＿＿人 □無（以下欄位略過）				是否共同居住	□是 □否			
	姓名		性別	□男 □女 □其他	出生日期或年齡	年　月　日 （＿＿＿＿歲）	身分證統一編號 （或護照號碼）			
	現屬國籍別	□本國籍（□非原住民 □原住民）□大陸及港澳籍 □外國籍 □無國籍 □資料不明								
	是否為身心障礙者	□是，障別：＿＿＿＿＿＿＿＿ □非身心障礙者		□疑似，障別：＿＿＿＿＿＿＿ □不詳 □其他：＿＿＿＿＿＿＿						
	戶籍地址：	縣（市）　　鄉（鎮、市、區）　　村（里）　　鄰　　路（街、道）　　段　巷　弄　　號之　　樓								
	居住地址：	縣（市）　　鄉（鎮、市、區）　　村（里）　　鄰　　路（街、道）　　段　巷　弄　　號之　　樓								
	電話：【宅】　　　　　　　　【公】　　　　　　　　【手機】									
	其他可聯絡之親友：　　　　　電話：【宅】　　　　　【公】　　　　　【手機】									

兩造關係	□家庭成員 　□婚姻中　　□離婚　　□同居伴侶　□曾為同居伴侶 　□現為／曾為直系親屬： 　　□父（含養、繼父）□母（含養、繼母）□（曾）（外）祖父母 □卑親屬（如子女、孫子女） 　□現為／曾為家長家屬或家屬間關係者：□父之同居人 □母之同居人 □父之同居人之子女 □母之同居人之子女 　□其他親屬：現為／曾為四親等以內之旁系血親或旁系姻親 □非家庭成員 　□未同居伴侶（含男女朋友）□照顧者 □保母　□機構人員（機構名稱：＿＿＿＿＿，地址：＿＿＿＿＿＿） 　□朋友（家人朋友／鄰居／普通朋友／同學）□職場關係（上司下屬／同事／客戶） 　□師生關係（□學校教師 □補習班老師 □幼兒園老師 □安親班老師 □社團老師／教練）□網友 □不認識 　□其他：

具體事實	發生時間 （最近一次）	年　　　月　　　日　　　時　　　分
	案發地區	縣（市）　　鄉（鎮、市、區）
	主要發生場所	□住（居）所 □辦公／工作場所 □公共場所 □學校 □寄養家庭 □補習班 □高級中等以下有提供住宿之學校 □旅（賓）館 □矯正機關 □特殊營業場所（視聽歌唱業、理髮業、三溫暖業、舞廳業、舞場業、酒家業、酒吧業、特殊咖啡茶室業） □社會福利／安置照顧機構／兒少安置機構 □網際網路 □其他：＿＿＿＿＿ □不詳
	案情陳述	簡述事發原因、經過…及其他補充事項
	傷亡程度	□死亡（是否有未同住未滿 6 歲之子女：□是 □否） □有明顯傷勢：＿＿＿＿＿（敘明部位）（是否住院治療：□是 □否） 　（未滿 18 歲兒少，醫事人員請加填兒少保護醫事人員通報傷勢一覽表，詳如附件） □無明顯傷勢 □未受傷 （系統上有附加檔案功能）

施暴手法 （工具） （複選）	□持凶器或物品脅迫：_____（請敘明）□言語脅迫 □徒手 □誘騙／誘拐 □趁被害人熟睡 □使用藥物 □使用酒精 □假宗教之身分、場域或話術（□佛神道教 □基督教 □天主教 □其他） □運用網際網路 （含APP），平台：_____ □其他，請敘明：_____				
加／被害人是否 有自殺意念	□否 □是：_____（請註明姓名） （請評估是否併傳自殺高風 險個案轉介單）	加／被害人是否 有自殺企圖	□否 □是：_____（請註明姓名） （請評估是否併傳自殺高風 險個案轉介單）	是否涉及公共 危險案件	□是 □否
是否已提供相關 協助 （複選）	□是，已協助事項： 　□驗傷或採證 □報案（警察局：　　　　） □陪同偵訊（社工員姓名：　　　　） 　□緊急送醫 □聲請保護令 □緊急安置／庇護 □自殺通報 　□完成臺灣親密關係暴力危險評估表（TIPVDA），____分（屬親密關係暴力必填） 　□其他： □否				
有無需要立即提供 協助事項（複選）	□有： 　□驗傷或採證 □就醫診療 □緊急安置／庇護 □聲請保護令 □自殺通報 □其他： □無 被害人需立即救援、就醫診療、驗傷、陪同偵訊、取得證據之緊急情形，除進行本通報，請立即電 話聯繫當地防治中心處理。				
被害人後續是否願 意社工介入協助	□是 □否				
受暴 類型 （複選）	□性侵害	□告訴乃論案件 　□未滿18歲之人對未滿16歲之人為非強制性交 　□未滿18歲之人對未滿16歲之人為非強制猥褻 　□夫妻間強制性交 　□夫妻間強制猥褻 □非告訴乃論案件			

> 符號說明：
> 「＊」為必填欄位
> 「◎」為擇一填寫欄位

附件十四b　成人保護案件通報表

自 108 年 6 月 1 日起適用

<table>
<tr>
<td rowspan="6">通報人</td>
<td>*通報單位</td>
<td colspan="2">□醫院 □診所及衛生所 □衛政 □警政 □社政 □教育 □勞政 □司（軍）法機關 □憲兵隊 □113
□防治中心 □移民業務機關 □矯正機關 □戶政 □民政 □老人福利、安置照護機構 □觀光業務機關
□其他</td>
</tr>
<tr>
<td>*通報人員
身分</td>
<td colspan="2">□醫事人員 □警察人員 □社政／社工人員 □教育人員 □保育人員 □教保服務人員 □勞政人員
□司（軍）法人員 □移民業務相關人員 □村（里）幹事 □村（里）長 □矯正人員 □戶政人員
□公寓大廈管理服務人員 □照顧服務員 □社會福利、安置照護機構人員 □就業服務機構及其從業人員
□觀光業從業人員 □電子遊戲場業從業人員 □資訊休閒業從業人員 □其他：＿＿＿＿＿＿＿</td>
</tr>
<tr>
<td>單位名稱</td>
<td></td>
<td>受理單位是否需回覆通報單位：　□是 □否</td>
</tr>
<tr>
<td>*姓名</td>
<td>職稱</td>
<td>*電話</td>
</tr>
<tr>
<td>受理時間</td>
<td colspan="2">年　　月　　日　　時　　分　　　通報時間　　年　　月　　日　　時　　分</td>
</tr>
</table>

<table>
<tr>
<td rowspan="14">受保護／被害人</td>
<td>*姓名</td>
<td>代號</td>
<td>性別</td>
<td colspan="2">□男 □女
□其他</td>
<td colspan="2">*出生日期
或年齡</td>
<td colspan="2">年　月　日
（＿＿＿＿歲）</td>
</tr>
<tr>
<td colspan="2">身分證統一編號
（或護照號碼）</td>
<td>婚姻
狀態</td>
<td colspan="2">□未婚 □已婚
□離婚 □喪偶</td>
<td>有同住
之兒少</td>
<td colspan="3">□有，＿人，姓名：＿，關係：＿
□無
□不詳</td>
</tr>
<tr>
<td colspan="2"></td>
<td></td>
<td colspan="2"></td>
<td>有無目睹家庭
暴力之兒少</td>
<td colspan="3">□有，＿＿人，年齡：＿＿
□無
□不詳</td>
</tr>
<tr>
<td>現屬
國籍別</td>
<td colspan="4">□本國籍（□非原住民 □原住民） □大陸及港澳籍 □外國籍
□無國籍 □資料不明</td>
<td colspan="2">是否為外籍勞工</td>
<td colspan="2">□是 □否</td>
</tr>
<tr>
<td>就學
狀況</td>
<td colspan="8">□未入學
□學生
　□學前教育 □國小（□在學□輟學□畢業） □國中（□在學□輟學□畢業）
　□高中（職）（□在學□休學□畢業） □大專以上（□在學□休學□畢業）
□非學生</td>
</tr>
<tr>
<td>是否為
身心障礙者</td>
<td colspan="8">□是，障別：＿＿＿＿＿＿＿＿＿　　□疑似，障別：＿＿＿＿＿＿＿＿
□非身心障礙者　　　　　　　　　□不詳 □其他：＿＿＿＿＿＿＿＿</td>
</tr>
<tr>
<td colspan="9">◎戶籍地址：　　　縣（市）　　鄉（鎮、市、區）　　村（里）　　鄰　　路（街、道）　　段　巷　弄　號
之　　樓</td>
</tr>
<tr>
<td colspan="9">◎居住地址：　　　縣（市）　　鄉（鎮、市、區）　　村（里）　　鄰　　路（街、道）　　段　巷　弄　號
之　　樓</td>
</tr>
<tr>
<td colspan="9">居住地址是否須保密：□是 □否</td>
</tr>
<tr>
<td colspan="9">◎電話：【宅】　　　　　　　【公】　　　　　　　【手機】</td>
</tr>
<tr>
<td colspan="9">方便聯絡時間：　　　　　　　　方便聯繫方式：</td>
</tr>
<tr>
<td colspan="9">安全聯絡人姓名：　　　　電話：【宅】　　　【公】　　　【手機】　　　與受保護（被害）人關係：</td>
</tr>
<tr>
<td>父母／監護
人／主要照
顧者</td>
<td colspan="2">姓名</td>
<td colspan="2">出生日期或年齡</td>
<td colspan="2">年　月　日
（＿＿＿＿歲）</td>
<td>國籍別</td>
<td>□本國籍（□非原住民 □原住
民）
□大陸及港澳籍 □外國籍
□無國籍 □資料不明</td>
</tr>
</table>

※ 密件 請傳　　縣（市）家庭暴力暨（及）性侵害防治中心　　電話：　　　傳眞：

<table>
<tr><td></td><td></td><td>與被害人
關係</td><td></td><td colspan="2">聯絡地址</td><td></td><td>電話</td><td colspan="2">【宅】　　　【公】
【手機】</td></tr>
<tr><td rowspan="11">施虐
者 /
相對
人 /
嫌疑
人</td><td colspan="2">有無施虐者 /
相對人 / 嫌疑人</td><td colspan="3">□有，___人
□無（以下欄位略過）</td><td>是否共同居住</td><td colspan="3">□是
□否</td></tr>
<tr><td colspan="2">姓名</td><td></td><td>性別</td><td>□男 □女
□其他</td><td>出生日期
或年齡</td><td>年　月　日
（_____歲）</td><td colspan="2">身分證統一編號
（或護照號碼）</td></tr>
<tr><td colspan="2">現屬國籍別</td><td colspan="8">□本國籍（□非原住民 □原住民）□大陸及港澳籍 □外國籍 □無國籍 □資料不明</td></tr>
<tr><td colspan="2">是否為</td><td colspan="4">□是，障別：_____</td><td colspan="4">□疑似，障別：_____</td></tr>
<tr><td colspan="2">身心障礙者</td><td colspan="4">□非身心障礙者</td><td colspan="4">□不詳 □其他：_____</td></tr>
<tr><td colspan="2">戶籍地址：</td><td colspan="8">縣（市）　　鄉（鎮、市、區）　　村（里）　　鄰　　路（街、道）　　段　　巷　　弄　　號之　　樓</td></tr>
<tr><td colspan="2">居住地址：</td><td colspan="8">縣（市）　　鄉（鎮、市、區）　　村（里）　　鄰　　路（街、道）　　段　　巷　　弄　　號之　　樓</td></tr>
<tr><td colspan="2">電話：【宅】</td><td colspan="8">【公】　　　　　　　　　【手機】</td></tr>
<tr><td colspan="2">其他可聯絡之親友：</td><td colspan="8">電話：【宅】　　　【公】　　　　　【手機】</td></tr>
<tr><td rowspan="2">兩造
關係</td><td colspan="9">□家庭成員
　□婚姻中　　□離婚　　□同居伴侶　□曾為同居伴侶
　□現為 / 曾為直系親屬：
　　　□父（含養、繼父）□母（含養、繼母）□（曾）(外)祖父母 □卑親屬（如子女、孫子女）
　□現為 / 曾為家長家屬或家屬間關係者：□父之同居人 □母之同居人 □父之同居人之子女 □母之同居人之子女
　□其他親屬：現為 / 曾為四親等以內之旁系血親或旁系姻親</td></tr>
<tr><td colspan="9">□非家庭成員
　□未同居伴侶（含男女朋友）□照顧者　□保母　□機構人員（機構名稱：_____，地址：_____）
　□朋友（家人朋友 / 鄰居 / 普通朋友 / 同學）□職場關係（上司下屬 / 同事 / 客戶）
　□師生關係（□學校教師 □補習班老師 □幼兒園老師 □安親班老師 □社團老師 / 教練）□網友 □不認識
　□其他：</td></tr>
<tr><td rowspan="5">具體
事實</td><td colspan="2">發生時間
（最近一次）</td><td colspan="7">年　　月　　日　　時　　分</td></tr>
<tr><td colspan="2">案發地區</td><td colspan="7">縣（市）　　鄉（鎮、市、區）</td></tr>
<tr><td colspan="2">主要
發生場所</td><td colspan="7">□住（居）所 □辦公 / 工作場所 □公共場所 □學校 □寄養家庭 □補習班
□高級中等以下有提供住宿之學校 □旅（賓）館 □矯正機關 □特殊營業場所（視聽歌唱業、理髮業、
三溫暖業、舞廳業、舞場業、酒家業、酒吧業、特殊咖啡茶室業）
□社會福利 / 安置照顧機構 / 兒少安置機構 □網際網路 □其他：_____
□不詳</td></tr>
<tr><td colspan="2">案情陳述</td><td colspan="7">本次事件發生原因、經過…及其他補充事項
　　　　.</td></tr>
<tr><td colspan="2">傷亡程度</td><td colspan="7">□死亡（是否有未同住未滿 6 歲之子女：□是　□否）
□有明顯傷勢：_____（敘明部位）（是否住院治療：□是 □否）
□無明顯傷勢
□未受傷
（系統上有附加檔案功能）</td></tr>
</table>

施暴手法 （工具） （複選）	□持凶器或物品：_____（請敘明）□言語脅迫 □徒手 □其他，請敘明：_____				
加／被害人是否 有自殺意念	□否 □是：_____（請註明姓名） （請評估是否併傳自殺高風 險個案轉介單）	加／被害人是否 有自殺企圖	□否 □是：_____（請註明姓名） （請評估是否併傳自殺高風 險個案轉介單）	是否涉及公共 危險案件	□是 □否
是否已提供相關 協助 （複選）	□是，已協助事項： 　□驗傷或採證 □報案（警察局：　　　　）　□陪同偵訊（社工員姓名：　　　　） 　□緊急送醫 □聲請保護令 □緊急安置／庇護 □自殺通報 　□完成臺灣親密關係暴力危險評估表（TIPVDA），_____分（屬親密關係暴力必填） 　□其他： □否				
有無需要立即提供 協助事項（複選）	□有： 　□驗傷或採證 □就醫診療 □緊急安置／庇護 □聲請保護令 □自殺通報 □其他： □無 被害人處於高危險情境，或有受暴事實需緊急安置，除進行本通報，請立即電話連繫當地防治中心 處理。				
被害人後續是否願 意社工介入協助	□是 □否				
被害人是否願意被 相對人協尋	□是 □否				
受暴 類型 （複選）	□成人保護	□肢體虐待／暴力 □精神虐待／暴力（□言語脅迫 □騷擾 □跟蹤 □其他_____（請敘明）） □經濟虐待／暴力 □性虐待／暴力 □疏忽（僅適用老人保護） □遺棄（□老人保護 □身心障礙者保護） □財務侵占／榨取（僅適用老人保護） □限制自由（僅適用身心障礙者保護） □留置無生活自理能力之身心障礙者於易發生危險或傷害之環境 □利用身心障礙者行乞或供人參觀 □強迫或誘騙身心障礙者結婚 □其他對身心障礙者或利用身心障礙者為犯罪或不正當之行為 □**無人扶養，致有生命、身體之危難**或生活陷於困境（僅適用老人保護）			

> **符號說明：**
> 「＊」為必填欄位
> 「◎」為擇一填寫欄位

附件十五a　個別諮商流程圖

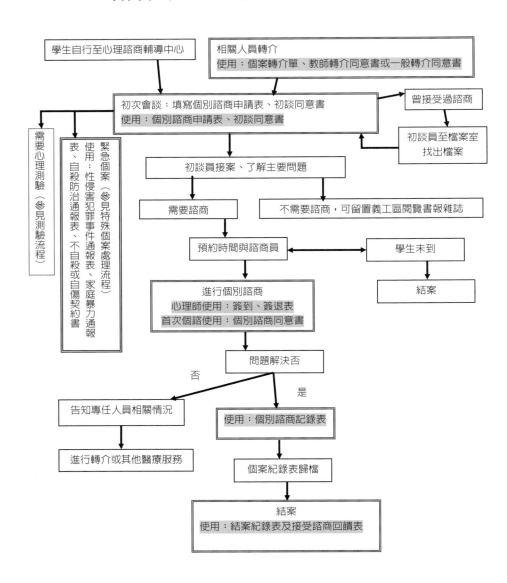

附件十五b　心理諮商輔導中心各式表格使用表

階段	參與人員	使用表格	使用時機
一、初談	專任心理師 全職實習心理師	1. 初談同意書（附件一a） 2. 初談申請表（學生資料表）（附件一b） 3. 初談紀錄表（附件一b） 4. 個案派案表（附件二）	於初談時使用，請將同意書影印一份，交予個案保留
二、正式會談	專任心理師 兼任心理師 全職實習心理師	1. 個別諮商同意書（附件三） 2. 資料交流同意／調閱諮商紀錄單（附件四a） 3. 個案諮商紀錄表（附件五）	1 於正是第一次會談使用，並影印一份，交予個案保留 3 於每次會談使用 2 為選擇使用
三、導師轉介	專任心理師	1. 個案轉介單（附件六） 2. 個案轉介回條（附件七） 3. 導師轉介概況回報單（附件八） 4. 導師轉介同意書（附件九）	1、4 於導師會談初次填寫 2、3 於正式接案後填寫，回執導師
四、緊急狀況	專任心理師	1. 緊急事件處理表及處理紀錄（附件十） 2. 自殺防治通報單（附件十一） 3. 不自傷／自殺保證契約書（附件十二a/b） 4. 性侵／性騷擾檢舉書（附件十三） 5. 性侵害犯罪案件通報表（附件十四a） 6. 家庭暴力事件通報表（附件十四b）	
五、結案	專任心理師 兼任心理師 全職實習心理師 會談同學	1. 結案紀錄表（附件十六） 2. 接受諮商回饋表（附件十七）	1於結案時填寫 2由會談學生於最後一次會談結束前填寫
個案研討	專任心理師 全職實習心理師	個案研討提案簡表（附件十八）	

附件十六　接受諮商回饋表

這份問卷的目的在瞭解您對諮商後的感想。請根據您的真實感受，從下列的數字中選取最適當的數字，填入括號內。填答數字越高者，表示填答者對於該題目描述的內容滿意度越高，與這個題目的敘述非常符合。敬請每一題都作答，不要遺漏！謝謝您的合作！

心理諮商輔導中心　敬上

基本資料：

　　　　性別：□男　　□女　　姓名：＿＿＿＿＿＿

　　　　我的心理師／輔導員是：＿＿＿＿＿＿＿

　　　　這是您與這位心理師／輔導員第幾次的個別諮商？第　　　次

非常不同意　　　1　2　3　4　5　　　非常同意

（　　）1. 接受諮商後，我覺得得到支持。

（　　）2. 接受諮商後，我覺得能減少我的擔心、憂慮。

（　　）3. 接受諮商後，我覺得得到協助。

（　　）4. 在諮商中，我願意把問題、煩惱傾訴出來。

（　　）5. 經過這次諮商後，我比較知道如何解決我的問題。

（　　）6. 對於接受諮商，我感到滿意。

（　　）7. 若我的問題尚未解決，我期待繼續找這位心理師／輔導員協助。

8. 我有話要說（對於中心或諮商的建議）：

真誠感謝您的填答！

附件十七　結案紀錄表

姓名：	系級：		學號：
性別：□男□女	開案日期：＿＿＿年＿＿＿月＿＿＿日 結案日期：＿＿＿年＿＿＿月＿＿＿日		會談次數：

個案來談 主要問題	□1自我探索　　□2情感困擾　　□3人際關係　　□4家庭關係 □5生涯探索　　□6情緒精神　　□7生活適應　　□8身心症狀 □9學習問題　　□10心理測驗　□11失落悲傷　□12性別議題 □13壓力調適　□其他＿＿＿＿＿＿＿＿＿＿＿＿＿＿＿＿＿ 補充說明：
個案在會談 中的改變	□認知： □情緒： □行為： □人際： □其他：
結案原因	□求助問題已改善 □學期結束 □轉介／原因：＿＿＿＿＿＿＿＿＿＿＿＿＿＿＿＿＿ □精神科醫師 □其他諮商員 □其他機構 □其他（請註明）：＿＿＿＿＿＿＿＿＿＿＿＿＿＿＿
建議	

心理師／諮商員簽名＿＿＿＿＿＿＿＿　＿＿＿＿＿年＿＿＿＿＿月＿＿＿＿＿日

督導簽名＿＿＿＿＿＿＿＿＿＿＿＿　＿＿＿＿＿年＿＿＿＿＿月＿＿＿＿＿日

附件十八　個案研討提案摘要表

（僅供個案研討使用，結束後請繳回心理諮商輔導中心統一銷毀）

提案日期	年　月　日	提案人		主要學派或風格	
提案摘要					
個案代號		性別		系級	
居住地		年齡		晤談次數	
個案來談之主要問題					
測驗／衡鑑	（若有，請填測驗名與附上測驗結果摘要）				
服用藥物	（若有，請填寫藥物名稱、服用劑量與服用期間）				
背景資料	（家庭、人際、課業等，必要時可用家庭圖表示）				
個案期待					
諮商員對問題的分析診斷					
諮商策略與實施					
諮商歷程摘要與現況結果					

參考文獻

中文文獻

文化大學心理諮商中心服務項目（無日期）。民107年03月，取自：文化大學心理諮商中心網頁：http://counseling.pccu.edu.tw/files/11-1038-83.php?Lang=zh-tw。

張美惠（譯）（2004）。鏡子裡的陌生人：解離症：一種隱藏的流行病（原作者：Marlene Steinberg、Maxine Schnall）。台北：張老師文化。

心理治療所設置標準（民93年04月02日）。

王沂釗、陳若璋*（民100）。大學生親密關係暴力：其性質與實務工作者處遇能力之分析。嘉大家庭教育諮商期刊，10，1-29。

王沂釗、陳若璋（2011）。大學生親密關係暴力：其性質與實務工作者處遇能力之分析。家庭教育與諮商學刊，10，1-29。

王沂釗、陳若璋*、劉效樺（民103）。心理師遭遇案主暴力情形之調查研究。高師大諮商心理與復健諮商學報，27，57-80。

王燦槐（2006）。台灣性侵害受害者之創傷：理論、內涵與服務。台北：學富文化。

行政院新聞傳播處（民107年4月19日）。行政院會通過「糾纏行為防制法」草案。取自：https://www.ey.gov.tw/Page/9277F759E41CCD91/51450566-1d51-40ee-a9c2-d1a484d24a8b

李俊毅（譯）（2004）。割腕的誘惑（原作者：Steven Levenkron）。台北：心靈工坊。

東吳大學健康暨諮商中心首頁（無日期）。民107年03月，取自：東吳大學學務處健康暨諮商中心網頁：http://osa.nccu.edu.tw/tw/%E8%BA%A B%E5%BF%83%E5%81%A5%E5%BA%B7%E4%B8%AD%E5%BF%8 3/%E6%A5%AD%E5%8B%99%E8%81%B7%E6%8E%8C/%E9%97%9 C%E6%96%BC%E6%88%91%E5%80%91

林家興（民85）。大學諮商輔導工作實務（初版）。台北：心理出版社股份有限公司。

性別工作平等法施行細則（民104年03月27日）

性別平等教育法（民107年12月28日）。

柯永河、張小鳳（1999）。健康性格習慣量表。台北：評測中心。

政治大學身心健康中心業務職掌（無日期）。民107年03月，取自：政治大學學務處身心健康中心網頁：http://osa.nccu.edu.tw/tw/%E8%BA%A B%E5%BF%83%E5%81%A5%E5%BA%B7%E4%B8%AD%E5%BF%8 3/%E6%A5%AD%E5%8B%99%E8%81%B7%E6%8E%8C/%E9%97%9 C%E6%96%BC%E6%88%91%E5%80%91

洪素珍（1996）：性受虐者諮商歷程初探。中華心理衛生學刊9(1)：67-92。

教育部設置大專校院學生事務工作協調聯絡中心及輔導工作協調諮詢中心實施要點（民100年10月27日）。

修慧蘭、林蔚芳、洪莉竹譯（2013）。專業助人工作倫理（原作者：Gerald Corey、Marianne Schneider Corey、Patrick Callanan）。台北：雙葉書廊。

張本聖、徐儷瑜、黃君瑜、古黃守廉、曾幼涵譯（2014）。變態心理學

（二版）（原作者：Ann M. Kring、Sheri L. Johnson、Gerald C. Davison、John M. Neale）。台北：雙葉書廊。

張美惠（譯）（2004）。鏡子裡的陌生人：解離症：一種隱藏的流行病（原作者：Marlene Steinberg、Maxine Schnall）。台北：張老師文化。

國立東華大學心理諮商輔導中心（民98）。教育部97年度「公立大學自我傷害三級預防工作計畫成效評估」計畫期中報告。教育部委託計畫採購案。台北：教育部。

陽明大學心理諮商中心歷史簡介（無日期）。民107年03月，取自：陽明大學心理諮商中心網頁：https://scc.ym.edu.tw/bin/home.php。

陳若璋（民81）台灣婚姻暴力高度危險因子之探討，台大社會學刊（TSSCI），21，123-160。

陳若璋（民81）台灣婚姻暴力之本質、歷程與影響。婦女與兩性月刊，3，117-147。台北：台大人口研究中心婦女研究室。

陳若璋（民98）大學諮商中心對親密關係暴力處遇內涵與倫理議題之探討。輔導與諮商學報（TSSCI觀察名單），31(1)，39-53。

陳若璋（2009）。大學諮商中心對親密關係暴力處遇內涵與倫理議題之探討。輔導與諮商學報，31(1)，39-53。

陳若璋、王沂釗*（民101）。最遙遠的距離：大學親密關係暴力實務工作困境之研究。輔導與諮商學報（TSSCI觀察名單），34(1)，31-49。

陳若璋（民101）。心理師的新角色：司法心理師之專業內涵。中華心理衛生學刊（TSSCI），25(1)，1-21。

陳若璋、王沂釗*、廖得安（民101）。校園危機個案處理對心理師衝擊之研究。臺灣諮商心理學報，1(1)，57-87。

陳若璋、王沂釗*（民101）。最遙遠的距離：大學親密關係暴力實務工作

困境之研究。輔導與諮商學報（TSSCI觀察名單），34(1)，31-49。

陳若璋（民103）。性侵團體治療師之訓練與督導：團體治療師訓練之四部曲。中華團體心理治療學刊，20(3)，3-22。

陳若璋、王沂釗（民104）。大學諮商中心實務工作者面對危機個案處遇狀態之探究。慈濟大學人文社會科學學刊，18，1-33。

陳若璋（民105）。「原來我的犯案是有跡可循的」——一個性侵加害者治療團體的紀實。中華團體心理治療學刊22(4)，3-22

麥麗蓉、蔡秀玲（2004）。諮商員在大學校園中危機處理經驗之初探研究。中華輔導學報，15，97-122。

鄔佩麗（2008）。危機處理與創傷治療。台北：學富文化。

輔仁大學學生輔導中心歷史沿革（無日期），民107年03月，取自：輔仁大學學生輔導中心網頁：http://www.scc.fju.edu.tw/aboutFju.jsp?labelID=20。

臺北藝術大學學生諮商中心服務項目（無日期），民107年03月，取自：臺北藝術大學學生諮商中心網頁：http://consultant.tnua.edu.tw/CareerGuide/FrontShow/paper_display.aspx?menu_id=4&submenu_id=420&apmenu_id=633。

諮商心理實習及實習機構審查辦法（民106年12月29日）。

精神衛生法（民96年07月04日）。

學校輔導工作場所設置基準（民105年04月06日）

英文文獻

Allen, M., Jerome, A., White, A., Marston, S., Lamb, S., Pope, D., & Rawlins, C. (2002). The preparation of school psychologists for crisis intervention.

Dutton, D. G., & Golant, S. K. (1995). The batterer: A psychological profile.

New York, NY, US: Basic Books.

Elbogen, E. B.(2002).The process of violence risk assessment: A review of descriptive research.Aggression and Violent Behavior, 7, 591-604.

Foa E.B. & Rothbaum B.A. (1998) Treating the trauma of rape: Cognitive behavioral therapy for PTSD. New York: Guilford Press.

Forward, S., & Buck, C. (1991). Obsessive love: When it hurts too much to let go. New York: Bantam.

Gerald Corey、Marianne Schneider Corey、Patrick Callanan。ISSUES AND ETHICS IN THE HELPING PROFESSIONS, 8e. CA: Brooks/Cole

Gilliland, B. E., & James, R. K. (2001). *Crisis intervention strategies(4th ed.)*. Pacific Grove, CA: Brooks.

Groth, A. M. (1979). Men who rape: The psychology of the offender. New York. PlenumPress.

Groth, A. N., & Burgess, A. W. (1980). Male rape: offenders and victims. American Journal of Psychiatry, 137, 806- 810.

Hobfoll, S. E., Watson, P., Bell, C., Bryant, R., Brymer, M., Friedman, M. J. et al. (2007). Five Essential Elements of Immediate and Mid-Term Mass Trauma Intervention: Empirical Evidence. Psychiatry: Interpersonal and Biological Processes, 70, 283-315.

Jasinski, J. (2001). Sourcebook on Rhetoric Key Concepts in Contemporary Rhetorical Studies   Thousand Oaks, CA: Sage.

Kring, A. M., Davison, G. C., Neale, J. M., & Johnson, S. L. (2007). Abnormal psychology (10th ed.). Hoboken, NJ, US: John Wiley & Sons Inc.

Kropp, P. R.(2004).Some questions regarding spousal assault risk assessment. Violence Against Women, 10, 676-697.

Lawson, D. M. (2003). Incidence, explanations, and treatment of partner vio-
lence.*Journal of Counseling & Development, 81*, 19-32.

Meilman, P. W., & Hall, T. M. (2006). Aftermath of tragic events: The develop-
ment and use of community support meetings on a university campus. *Jour-
nal of American college health, 54*(6), 382-384.

Robert, A. J. (2000). An overview of crisis theory and crisis intervention. In A.
R. Roberts (Ed.), *Crisis intervention handbook: Assessment, treatment and
research.* Wadsworth Publishing Company.

Shea, S.C. (2002). The practical art of suicide assessment: A guide for mental
health professionals and substance abuse counselors New York: Chichester.

Shea, S.C. (2009). Suicide assessment. Psychiatric Times, 26, 1-26. Retrieved
from http://www.psychiatrictimes.com/display/article/10168/1501845

Smith, T. B., Dean, B., Floyd, S., Silva, C., Yamashita, M., Durtschi, J., & Heaps,
R. A. (2007) Pressing issue in college counseling: A survey of American
college counseling association members. *Journal of college counseling. 10,*
64-78.

Wolf, S. C. (1989). A model of sexual aggression/addiction. Journal of Social
Work & Human Sexuality, 7(1), 131-148.

Yalom, I. D. & Leszcz, M. (2005). The theory and practice of group psychother-
apy.New York: Basic Books.

國家圖書館出版品預行編目資料

大學諮商中心的新變化新挑戰／陳若璋著.
－－初版.－－臺北市：五南，2020.03
　　面；　公分
ISBN 978-957-763-841-0（平裝）

1.學校輔導　2.心理諮商　3.高等教育

525.64　　　　　　　　108022748

1BOX

大學諮商中心的新變化新挑戰

作　　者 ― 陳若璋（265.7）

發 行 人 ― 楊榮川

總 經 理 ― 楊士清

總 編 輯 ― 楊秀麗

副總編輯 ― 王俐文

責任編輯 ― 金明芬

封面設計 ― 王麗娟

出 版 者 ― 五南圖書出版股份有限公司

地　　址：106臺北市大安區和平東路二段339號4樓

電　　話：(02)2705-5066　　傳　　真：(02)2706-6100

網　　址：http://www.wunan.com.tw

電子郵件：wunan@wunan.com.tw

劃撥帳號：01068953

戶　　名：五南圖書出版股份有限公司

法律顧問　林勝安律師事務所　林勝安律師

出版日期　2020年3月初版一刷

定　　價　新臺幣400元

經典永恆・名著常在

五十週年的獻禮——經典名著文庫

五南，五十年了，半個世紀，人生旅程的一大半，走過來了。
思索著，邁向百年的未來歷程，能為知識界、文化學術界作些什麼？
在速食文化的生態下，有什麼值得讓人雋永品味的？

歷代經典・當今名著，經過時間的洗禮，千錘百鍊，流傳至今，光芒耀人；
不僅使我們能領悟前人的智慧，同時也增深加廣我們思考的深度與視野。
我們決心投入巨資，有計畫的系統梳選，成立「經典名著文庫」，
希望收入古今中外思想性的、充滿睿智與獨見的經典、名著。
這是一項理想性的、永續性的巨大出版工程。
不在意讀者的眾寡，只考慮它的學術價值，力求完整展現先哲思想的軌跡；
為知識界開啟一片智慧之窗，營造一座百花綻放的世界文明公園，
任君遨遊、取菁吸蜜、嘉惠學子！